Einstern

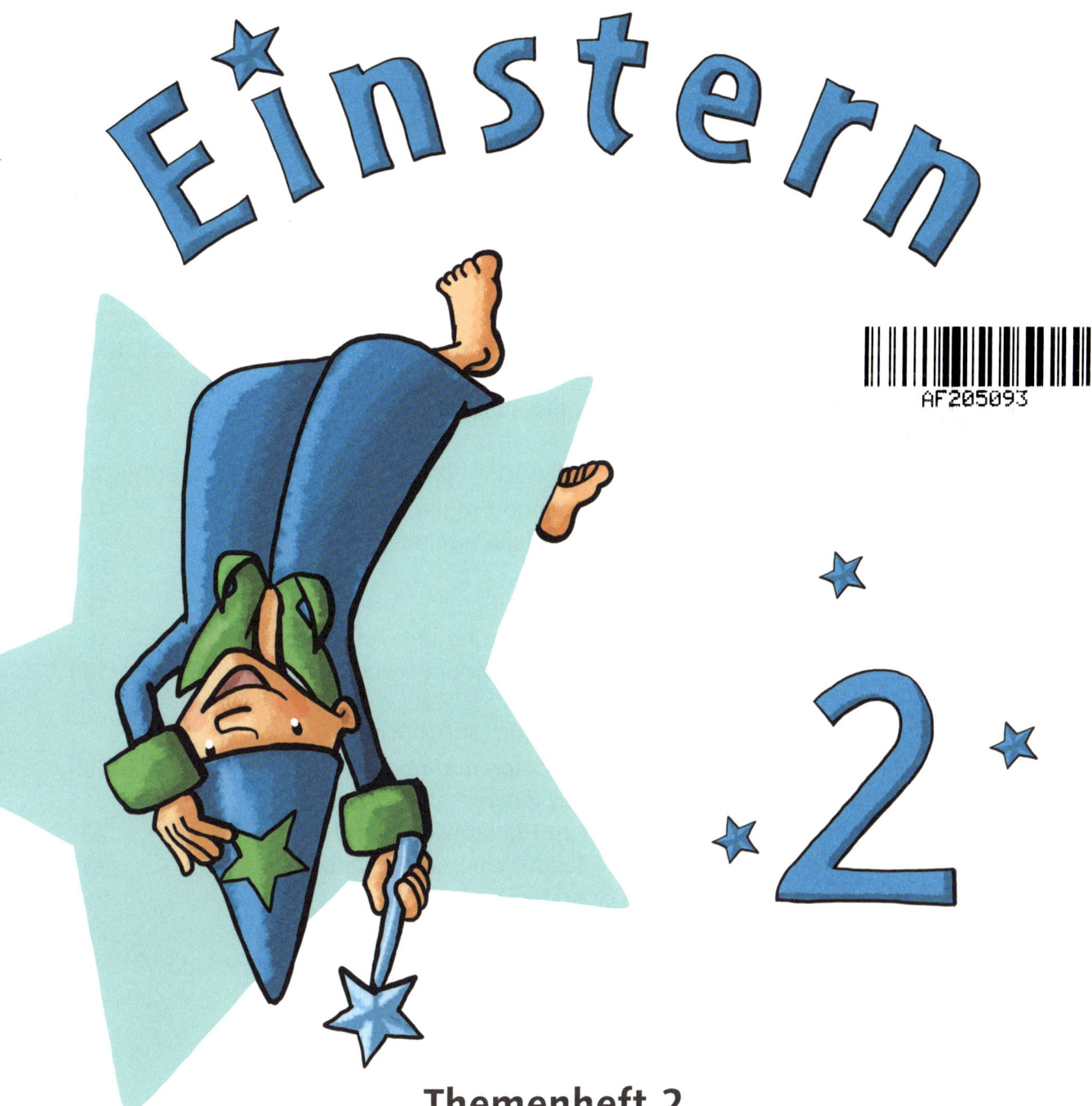

AF205093

2

Themenheft 2

★ Addition und Subtraktion von Einern
★ Sachaufgaben Teil 2 ★ Körper ★ Zeit

Erarbeitet von Roland Bauer und Jutta Maurach

In Zusammenarbeit mit der Redaktion Mathematik Grundschule

Cornelsen

Inhaltsverzeichnis

1 Löse die Aufgaben.

a) 3 + 4 = ☐
    6 + 2 = ☐
    1 + 7 = ☐
    4 + 5 = ☐

b) 6 − 2 = ☐
    8 − 6 = ☐
    7 − 3 = ☐
    10 − 4 = ☐

Das kannst du schon.

2 Setze die Aufgabenreihen fort. Löse die Aufgaben.

a) 3 + 3 = ☐
    3 + 4 = ☐
    3 + 5 = ☐
    ☐ + ☐ = ☐

b) 1 + 5 = ☐
    2 + 5 = ☐
    3 + 5 = ☐
    ☐ + ☐ = ☐

c) 2 + ☐ = 7
    3 + ☐ = 7
    4 + ☐ = 7
    ☐ + ☐ = ☐

d) 9 − 8 = ☐
    9 − 7 = ☐
    9 − 6 = ☐
    ☐ − ☐ = ☐

e) 9 − 5 = ☐
    8 − 5 = ☐
    7 − 5 = ☐
    ☐ − ☐ = ☐

f) 5 − ☐ = 3
    6 − ☐ = 3
    7 − ☐ = 3
    ☐ − ☐ = ☐

3 Löse die verwandten Aufgaben.

a) 2 + 7 = ☐
    12 + 7 = ☐

b) 4 + 4 = ☐
    14 + 4 = ☐

c) 6 + 3 = ☐
    16 + 3 = ☐

d) 8 − 6 = ☐
    18 − 6 = ☐

e) 9 − 2 = ☐
    19 − 2 = ☐

f) 7 − 5 = ☐
    17 − 5 = ☐

4 Finde und löse zuerst die kleine Aufgabe im Kopf.
Löse dann die große Aufgabe.

a) 14 + 5 = ☐
    16 + 2 = ☐
    11 + 7 = ☐

b) 14 − 3 = ☐
    19 − 7 = ☐
    16 − 4 = ☐

c) 15 + 3 = ☐
    18 − 4 = ☐
    12 + 5 = ☐

★ Plus- und Minusaufgaben bis 10 lösen
★ MK: Strukturen von Aufgabenreihen erkennen und fortsetzen
★ Analogieaufgaben im Zahlenraum bis 20 mithilfe der kleinen Aufgabe lösen

1 Suche dir ein anderes Kind.
Legt die Aufgaben mit Zehner-
streifen und Wendeplättchen.
Zeichnet Rechenbilder.

$32 + 3 = 35$

32 + 3	62 + 5
24 + 4	51 + 7
36 + 3	82 + 6

2 Schreibe zu jedem Rechenbild die Plusaufgabe.

a)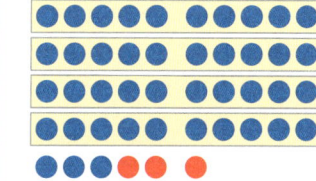

$43 + 3 = 46$

b)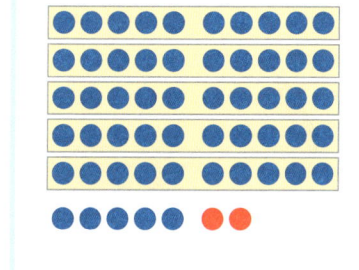

$\square + \square = \square$

c)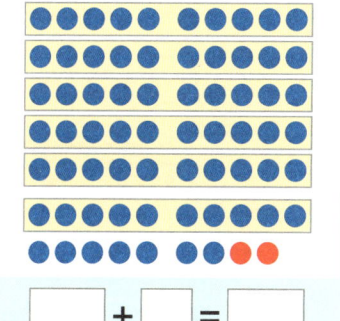

$\square + \square = \square$

d)

$\square + \square = \square$

e)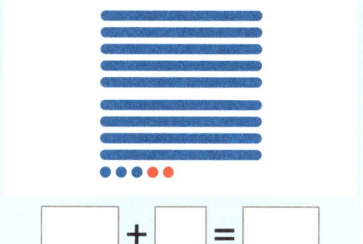

$\square + \square = \square$

f)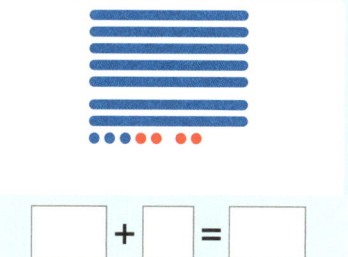

$\square + \square = \square$

3 Zeichne Rechenbilder und löse die Aufgaben.
Beachte dabei die Lücke nach fünf Zehnern oder Einern.

a)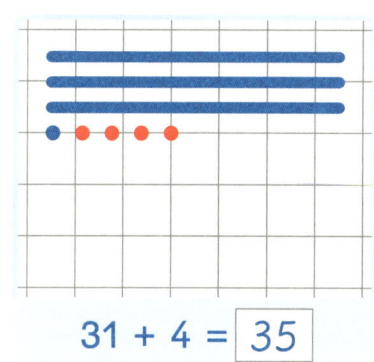

$31 + 4 = 35$

b)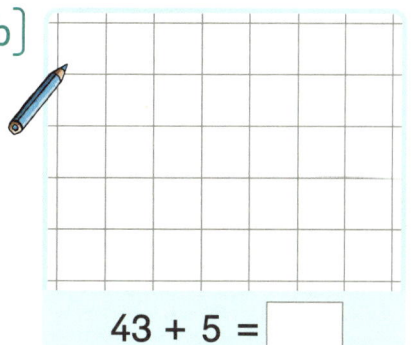

$43 + 5 = \square$

c)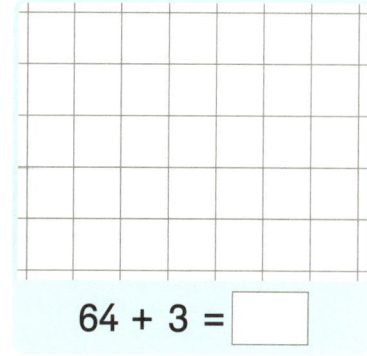

$64 + 3 = \square$

★ Plusaufgaben mit Zehnerstreifen und Plättchen legen, passende Rechenbilder zeichnen
★ Rechenbilder in Plusaufgaben übertragen
★ Rechenbilder zu Plusaufgaben zeichnen

B   5

1   Schreibe zu den Rechenbildern die kleine und die große Aufgabe.

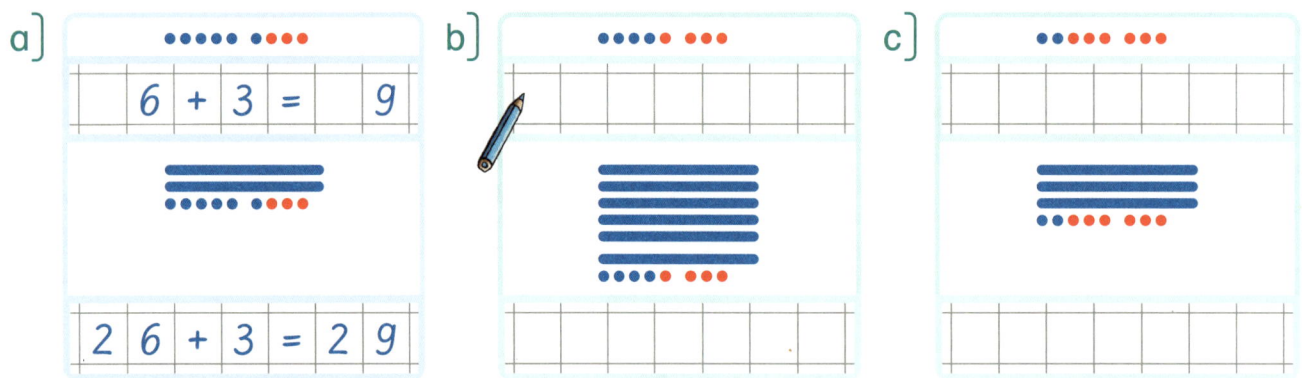

a)
6	+	3	=		9

2	6	+	3	=	2	9

b)

c)

2   Schreibe zu jedem Rechenbild erst die kleine Aufgabe, dann die große.

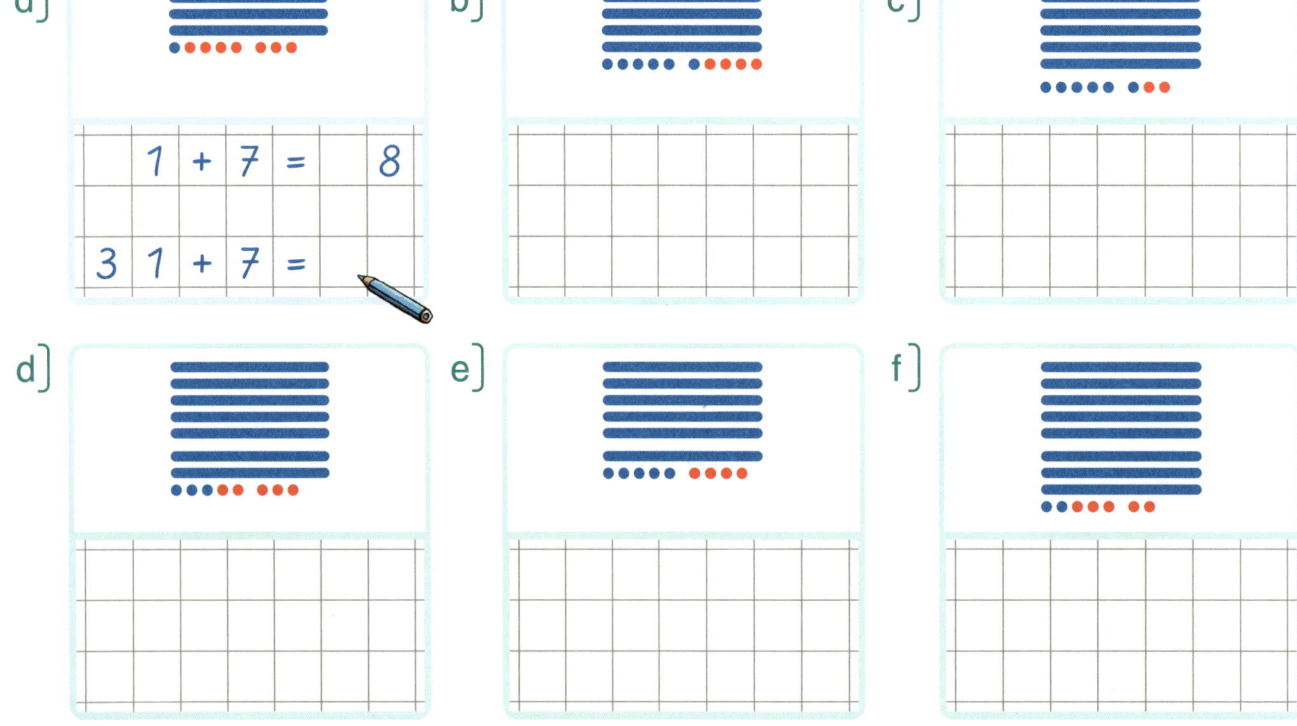

a)
1	+	7	=		8

3	1	+	7	=	

b)

c)

d)

e)

f)

★ zu vorgegebenen Rechenbildern Analogieaufgaben finden und lösen
★ zu vorgegebenen Rechenbildern erst die kleine, dann die große Aufgabe finden und lösen
★ **MK**: Strukturen erkennen und nutzen

kleine Aufgabe: $5 + 3 = 8$
große Aufgabe: $45 + 3 = 48$

Ich rechne zuerst die **kleine Aufgabe.**

1 Löse verwandte Aufgaben.

a] $5 + 4 = \boxed{9}$
$45 + 4 = \boxed{49}$

b] $2 + 4 = \boxed{}$
$62 + 4 = \boxed{}$

c] $3 + 6 = \boxed{}$
$43 + 6 = \boxed{}$

d] $1 + 6 = \boxed{}$
$51 + 6 = \boxed{}$

e] $6 + 2 = \boxed{}$
$76 + 2 = \boxed{}$

f] $5 + 3 = \boxed{}$
$35 + 3 = \boxed{}$

g] $2 + 7 = \boxed{}$
$72 + 7 = \boxed{}$

h] $4 + 4 = \boxed{}$
$24 + 4 = \boxed{}$

i] $7 + 3 = \boxed{}$
$87 + 3 = \boxed{}$

2 Finde und berechne zuerst die kleine Aufgabe. Löse dann die Aufgabe.

a] $\boxed{6} + \boxed{2} = \boxed{8}$
$56 + 2 = \boxed{58}$

b] $\boxed{} + \boxed{} = \boxed{}$
$73 + 3 = \boxed{}$

c] $\boxed{} + \boxed{} = \boxed{}$
$92 + 5 = \boxed{}$

d] $\boxed{} + \boxed{} = \boxed{}$
$53 + 3 = \boxed{}$

e] $\boxed{} + \boxed{} = \boxed{}$
$41 + 6 = \boxed{}$

f] $\boxed{} + \boxed{} = \boxed{}$
$83 + 4 = \boxed{}$

g] $\boxed{} + \boxed{} = \boxed{}$
$62 + 6 = \boxed{}$

h] $\boxed{} + \boxed{} = \boxed{}$
$75 + 3 = \boxed{}$

i] $\boxed{} + \boxed{} = \boxed{}$
$34 + 2 = \boxed{}$

3 Berechne zuerst die kleine Aufgabe im Kopf. Löse dann die Aufgabe.

a] $85 + 2 = \boxed{87}$
$64 + 3 = \boxed{}$ $5 + 2 = 7$
$57 + 2 = \boxed{}$
$42 + 6 = \boxed{}$

b] $32 + 7 = \boxed{}$
$93 + 4 = \boxed{}$
$74 + 5 = \boxed{}$
$52 + 4 = \boxed{}$

c] $82 + 8 = \boxed{}$
$23 + 7 = \boxed{}$
$41 + 8 = \boxed{}$
$64 + 4 = \boxed{}$

1 Suche dir ein anderes Kind.
Legt die Aufgaben mit Zehner-
streifen und Wendeplättchen.
Zeichnet Rechenbilder.

28 – 5	79 – 6
87 – 4	49 – 8
68 – 2	56 – 5

28 – 5 = 23

2 Schreibe zu jedem Rechenbild die Minusaufgabe.

a]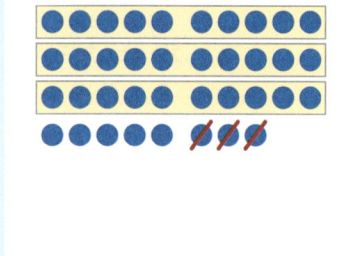

38 – 3 = 35

b]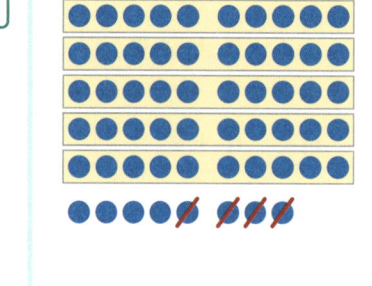

☐ – ☐ = ☐

c]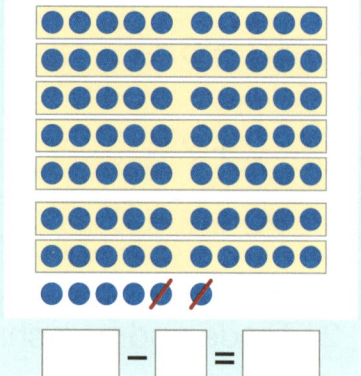

☐ – ☐ = ☐

d]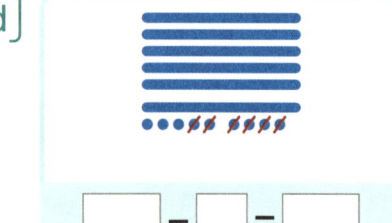

☐ – ☐ = ☐

e]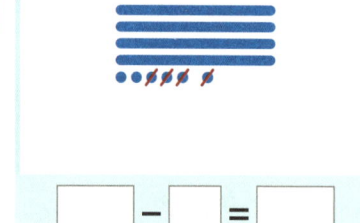

☐ – ☐ = ☐

f]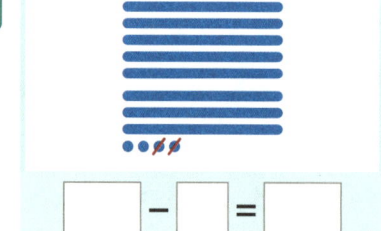

☐ – ☐ = ☐

3 Zeichne Rechenbilder und löse die Aufgaben.
Beachte dabei die Lücke nach fünf Zehnern oder Einern.

a]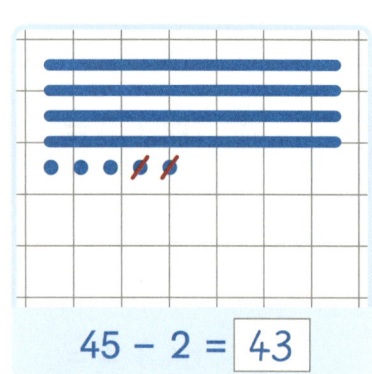

45 – 2 = 43

b]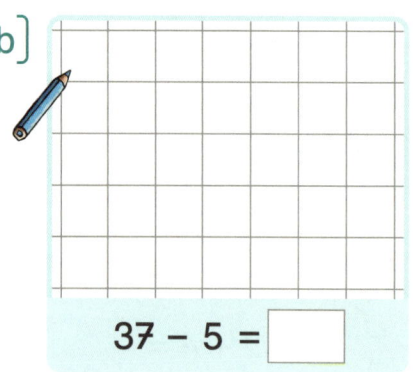

37 – 5 = ☐

c]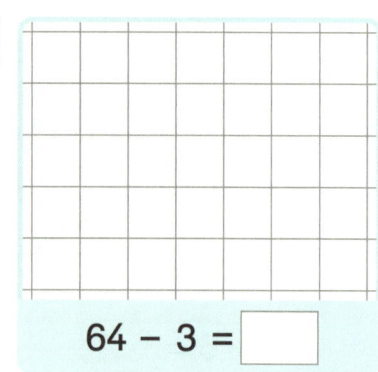

64 – 3 = ☐

B

★ Minusaufgaben mit Zehnerstreifen und Plättchen legen, passende Rechenbilder zeichnen
★ Rechenbilder in Minusaufgaben übertragen
★ Rechenbilder zu Minusaufgaben zeichnen

kleine Aufgabe

8 – 3 = 5   18 – 3 = 15   28 – 3 = 25   38 – 3 = 35

48 – 3 = 45   58 – 3 = 55

Mit *verwandten* Aufgaben rechnen ist ganz einfach.

große Aufgaben

---

1 Schreibe zu den Rechenbildern die kleine und die große Aufgabe.

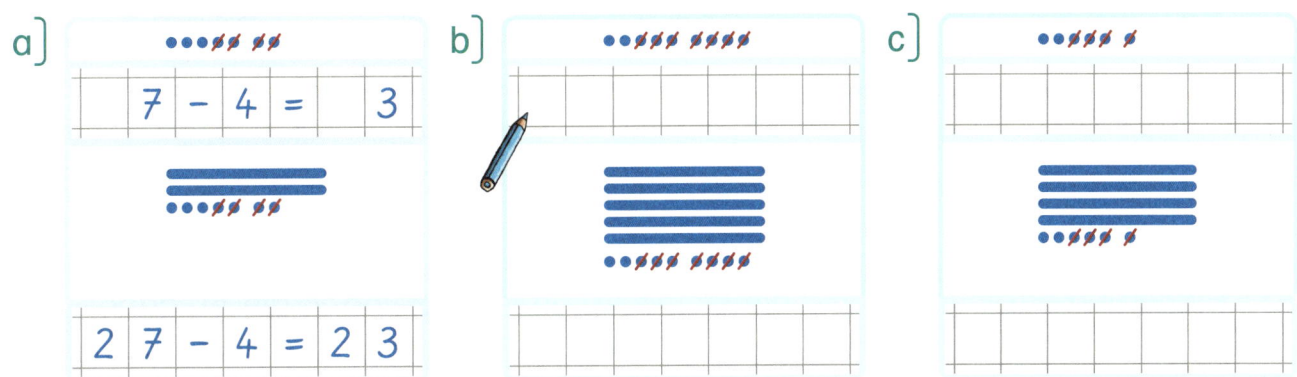

a) 7 – 4 = 3

27 – 4 = 23

b)

c)

---

2 Schreibe zu jedem Rechenbild erst die kleine Aufgabe, dann die große.

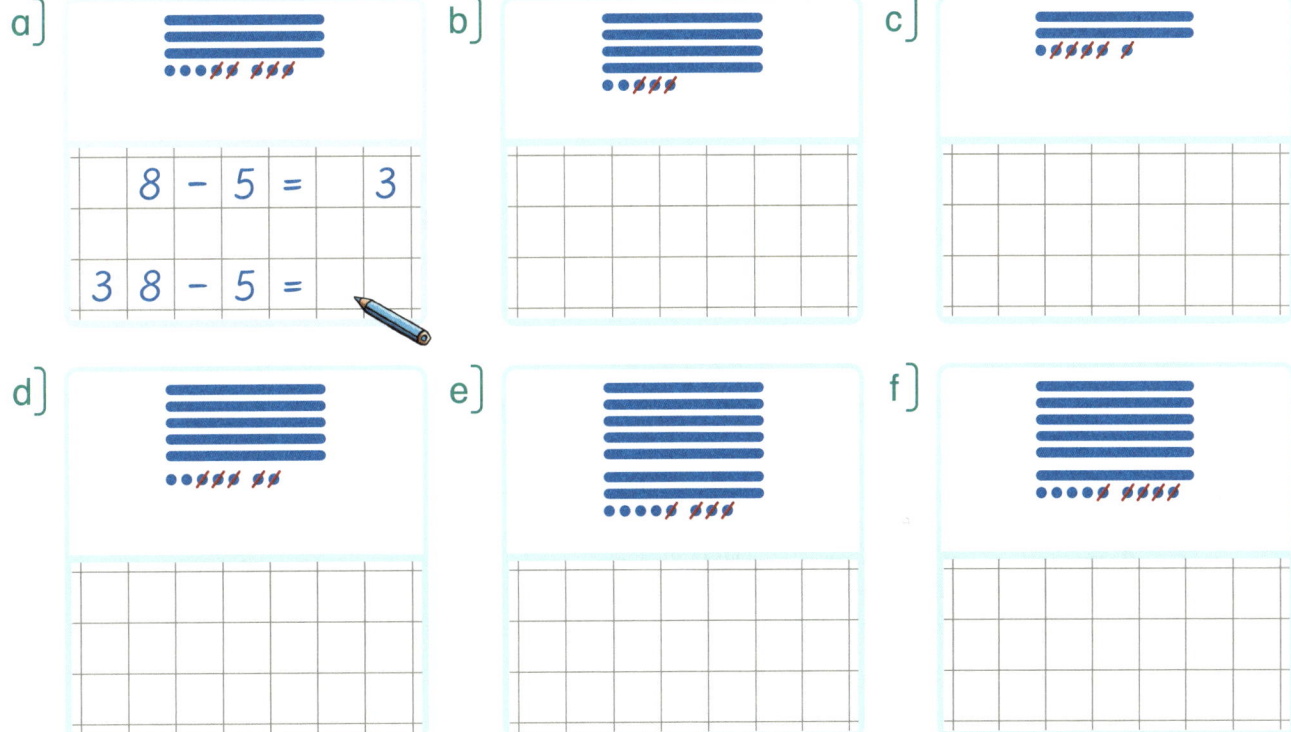

a) 8 – 5 = 3

38 – 5 =

b)

c)

d)

e)

f)

★ zu vorgegebenen Rechenbildern Analogieaufgaben finden und lösen
★ zu vorgegebenen Rechenbildern erst die kleine, dann die große Aufgabe finden und lösen
★ MK: Strukturen erkennen und nutzen

9

kleine Aufgabe: 6 – 2 = 4
große Aufgabe: 56 – 2 = 54

Ich rechne zuerst die kleine Aufgabe.

1 Löse verwandte Aufgaben.

a] 6 – 4 = 2
36 – 4 = 32

b] 8 – 5 =
78 – 5 =

c] 8 – 3 =
38 – 3 =

d] 9 – 4 =
49 – 4 =

e] 7 – 5 =
87 – 5 =

f] 9 – 6 =
69 – 6 =

g] 9 – 8 =
89 – 8 =

h] 6 – 3 =
66 – 3 =

i] 4 – 2 =
74 – 2 =

2 Finde und berechne zuerst die kleine Aufgabe. Löse dann die Aufgabe.

a] 7 – 3 = 4
87 – 3 = 84

b] ☐ – ☐ = ☐
54 – 2 =

c] ☐ – ☐ = ☐
45 – 4 =

d] ☐ – ☐ = ☐
39 – 7 =

e] ☐ – ☐ = ☐
88 – 5 =

f] ☐ – ☐ = ☐
67 – 6 =

g] ☐ – ☐ = ☐
55 – 4 =

h] ☐ – ☐ = ☐
78 – 6 =

i] ☐ – ☐ = ☐
37 – 5 =

3 Berechne zuerst die kleine Aufgabe im Kopf. Löse dann die Aufgabe.

a] 86 – 4 = 82
69 – 1 =
57 – 5 =
48 – 3 =

6 – 4 = 2

b] 43 – 2 =
89 – 7 =
38 – 5 =
74 – 3 =

c] 58 – 8 =
77 – 4 =
95 – 3 =
27 – 6 =

★ Analogieaufgaben lösen
★ die kleine Aufgabe finden und als Rechenhilfe nutzen

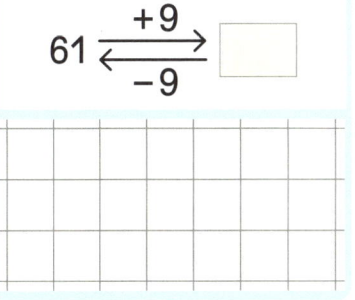

$$32 \xrightleftharpoons[-4]{+4} 36$$

$$32 + 4 = 36$$

$$36 - 4 = 32$$

32 + 4 = 36 und
36 – 4 = 32 sind
Umkehraufgaben.

---

1 Lies Aufgabe und Umkehraufgabe ab und löse sie.

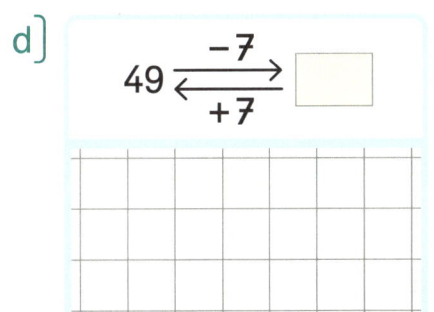

a) $33 \xrightleftharpoons[-6]{+6} \boxed{39}$

3	3	+	6	=	3	9
3	9	–	6	=		

b) $82 \xrightleftharpoons[-4]{+4} \boxed{}$

c) $61 \xrightleftharpoons[-9]{+9} \boxed{}$

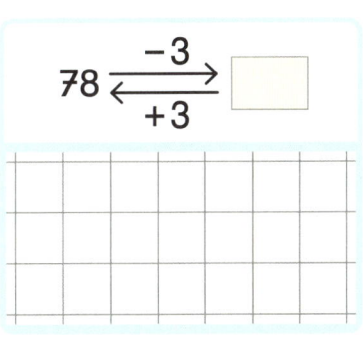

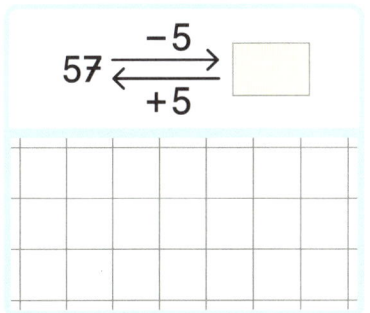

d) $49 \xrightleftharpoons[+7]{-7} \boxed{}$

e) $78 \xrightleftharpoons[+3]{-3} \boxed{}$

f) $57 \xrightleftharpoons[+5]{-5} \boxed{}$

---

2 Löse die Aufgaben. Kontrolliere die Ergebnisse mit der Umkehraufgabe.

a) $85 - 2 = \boxed{83}$, denn $\underline{83 + 2 = 85}$

$97 - 3 = \boxed{}$, denn _____

$76 - 2 = \boxed{}$, denn _____

b) $53 + 4 = \boxed{57}$, denn $\underline{57 - 4 = 53}$

$35 + 3 = \boxed{}$, denn _____

$94 + 4 = \boxed{}$, denn _____

---

3 Kontrolliere die Aufgaben. Rechne dazu die Umkehraufgaben.
Tipp: Vier Aufgaben sind falsch.

a) $89 - 6 = 83$ ✓ _____

$76 - 5 = \cancel{81} \quad 71 \quad 71 + 5 = 76$

$98 - 4 = 92$ _____

b) $32 + 3 = 35$ _____

$44 + 5 = 94$ _____

$86 + 3 = 90$ _____

★ Umkehraufgaben ablesen und notieren ★ Umkehraufgaben bilden und als Lösungskontrolle verwenden ★ Aufgaben mithilfe der Umkehraufgaben kontrollieren und Fehler
finden ★ SF: den Begriff „Umkehraufgabe" verwenden

D 20

11

1 Löse verwandte Aufgaben.

a) $4 + 2 =$ ☐

$14 + 2 =$ ☐

$34 + 2 =$ ☐

b) $1 + 7 =$ ☐

$21 + 7 =$ ☐

$51 + 7 =$ ☐

c) $3 + 4 =$ ☐

$23 + 4 =$ ☐

$83 + 4 =$ ☐

d) $9 - 5 =$ ☐

$19 - 5 =$ ☐

$49 - 5 =$ ☐

e) $5 - 2 =$ ☐

$25 - 2 =$ ☐

$75 - 2 =$ ☐

f) $7 - 6 =$ ☐

$27 - 6 =$ ☐

$97 - 6 =$ ☐

2 Finde zu jeder Aufgabe die Umkehraufgabe. Löse die Aufgaben.
Male zusammengehörige Kärtchen in der gleichen Farbe an.

$37 + 2 = 39$ $69 - 4 =$ ☐ $58 - 3 =$ ☐ $65 + 4 =$ ☐

$91 + 8 =$ ☐ $42 + 5 =$ ☐ $76 - 3 =$ ☐ $99 - 8 =$ ☐

$55 + 3 =$ ☐ $73 + 3 =$ ☐ $39 - 2 =$ ☐ $47 - 5 =$ ☐

3 Löse die Aufgaben. Ordne sie passend zu.

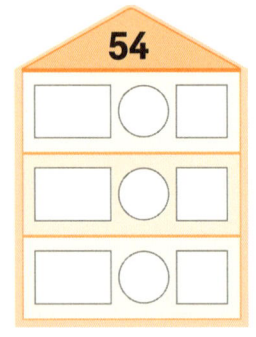
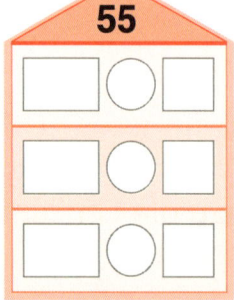

| 54 | 55 | 56 | 58 |

$60 - 2$ $52 + 6$ $50 + 4$ $57 - 2$ $51 + 5$ $53 + 3$

$51 + 4$ $59 - 5$ $59 - 4$ $51 + 7$ $59 - 3$ $58 - 4$

★ MK: Analogieaufgaben lösen
★ Umkehraufgaben zuordnen und lösen
★ Plus- und Minusaufgaben lösen und richtig zuordnen

1 Bilde alle möglichen Aufgaben und löse sie.

a) 34
45 + 4
72 2

b) 95
89 − 3
57 5

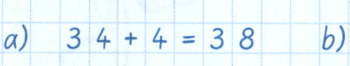

Seite 13 Aufgabe 1
a)   3 4 + 4 = 3 8   b)   ...
⋮

2 Löse die Aufgaben.
Ergänze bei jeder Aufgabenreihe zwei weitere passende Aufgaben.

a) 71 + 8 = ☐
71 + 7 = ☐
71 + 6 = ☐
☐ + ☐ = ☐
☐ + ☐ = ☐

b) 41 + 4 = ☐
42 + 4 = ☐
43 + 4 = ☐
☐ + ☐ = ☐
☐ + ☐ = ☐

c) 52 + 7 = ☐
53 + 6 = ☐
54 + 5 = ☐
☐ + ☐ = ☐
☐ + ☐ = ☐

d) 67 − 6 = ☐
67 − 5 = ☐
67 − 4 = ☐
☐ − ☐ = ☐
☐ − ☐ = ☐

e) 35 − 2 = ☐
36 − 3 = ☐
37 − 4 = ☐
☐ − ☐ = ☐
☐ − ☐ = ☐

f) 84 − 3 = ☐
85 − 3 = ☐
86 − 3 = ☐
☐ − ☐ = ☐
☐ − ☐ = ☐

3 Betrachte gemeinsam mit einem anderen Kind, wie sich in Aufgabe 2 in den einzelnen Reihen die Ergebnisse verändern.
Überlegt, warum das so ist.

4 Schreibe die ersten drei Aufgaben einer Aufgabenreihe auf.
Bitte ein anderes Kind diese fortzusetzen.

Seite 13 Aufgabe 4
...

★ alle möglichen Aufgaben zusammenstellen und lösen ★ MK: die Struktur von Aufgabenreihen erkennen und diese fortsetzen ★ MK: die Struktur von Aufgabenreihen beschreiben
★ MK: eigene Aufgabenreihen bilden

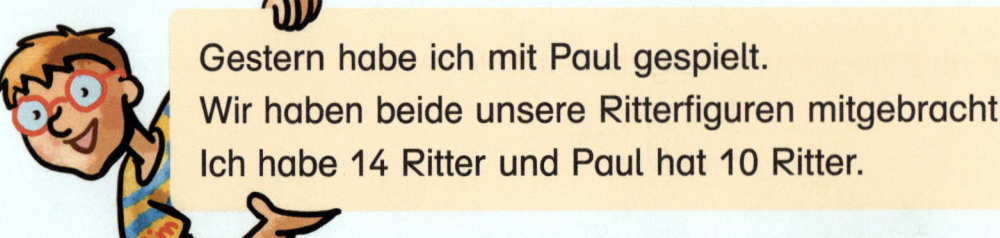

Gestern habe ich mit Paul gespielt.
Wir haben beide unsere Ritterfiguren mitgebracht.
Ich habe 14 Ritter und Paul hat 10 Ritter.

Sofie ist gestern 5 Runden auf dem Sport-
platz gelaufen. Ich bin mit ihr zusammen
gelaufen und dann noch 2 Runden alleine.

Ich war beim Fußball-Training.
Wir haben in 4 Gruppen Übungen gemacht.
In jeder Gruppe waren 2 Spieler und 1 Torwart.

1 Ordne die Fragen den Rechengeschichten von Tim, Meral und Janek zu.

Wie viele Runden ist Meral gelaufen?	Meral
Wie viele Ritter hat Paul?	
Wie viele Kinder waren beim Fußball-Training?	
Wie viele Runden ist Sofie weniger gelaufen als Meral?	
Wie viele Ritter haben Tim und Paul zusammen?	
Wie viele Kinder waren in einer Gruppe?	
Wie viele Ritter hat Tim mehr als Paul?	
Wie viele Torwarte waren es?	

2 Schreibe zu jeder Rechengeschichte eine eigene Frage.

Tim: _____

Meral: _____

Janek: _____

★ Rechengeschichten vorgegebene Fragen zuordnen
★ zu Rechengeschichten selbst Fragen formulieren

Max hat 12 Monsterkarten.
Tobi hat nur 6 Monsterkarten.

Lena hat 20 Pferdefiguren.
Sie hat 10 mehr als Maja.

Paul hat 6 Tiersticker mehr als Sofie.
Sofie hat 12 Tiersticker.

1 Ordne die Fragen den Rechengeschichten zu. Male die Kästchen vor dem Feld passend aus. Trage die Ergebniszahlen ein.

a)

▨	Wie viele Monsterkarten hat Max?	12
	Wie viele Pferdefiguren hat Lena?	
	Wie viele Tiersticker hat Sofie?	
	Wie viele Monsterkarten hat Tobi?	
	Wie viele Tiersticker hat Paul mehr als Sofie?	

b)

Wie viele Monsterkarten haben Max und Tobi zusammen?	
Wie viele Tiersticker hat Paul?	
Wie viele Pferdefiguren hat Maja?	
Wie viele Pferdefiguren haben Maja und Lena zusammen?	
Wie viele Tiersticker hat Sofie weniger als Paul?	

2 Ordne die Fragen den Rechengeschichten zu. Male die Kästchen vor dem Feld passend aus. Ermittle die Ergebniszahlen.

Wie viele Monsterkarten muss Max Tobi schenken, damit sie gleich viele haben?	
Wie viele Tiersticker muss Paul Sofie schenken, damit sie gleich viele haben?	
Wie viele Pferdefiguren muss Lena Maja schenken, damit sie gleich viele haben?	

★ Rechengeschichten vorgegebene Fragen zuordnen
★ zu vorgegebenen Fragen Ergebnisse aus den Rechengeschichten ablesen bzw. ermitteln

ÜH 16   **15**

1 Ordne die Fragen (F) und Antworten (A) passend zu. Kreise ein.

F: Wie viele Kinder stehen am Sprungbrett?	F: Wie spät ist es?	F: Wie viele Kinder sitzen auf der Bank?	F: Wie viele Vogelbilder sind am Fenster?
A: Auf der Bank sitzen 7 Kinder.	A: Am Fenster sind 5 Vogelbilder.	A: Am Sprungbrett stehen 3 Kinder.	A: Es ist 10 Uhr.

2 Schreibe Antworten (A) zu den Fragen (F).

a) F: Wie viele Handtücher liegen auf der Bank?

A: *Auf der Bank* _____

b) F: Wie viele Kinder sind im Schwimmbecken?

A: _____

3 Schreibe Fragen (F) zu den Antworten (A).

a) A: 3 Kinder haben einen Schwimmring.

F: *Wie viele Kinder* _____

b) A: 3 Kinder tragen eine Bademütze.

F: _____

★ Fragen und Antworten zuordnen
★ SF: zu vorgegebenen Fragen Antworten formulieren
★ SF: zu vorgegebenen Antworten Fragen formulieren

1 Kreuze die zur Frage (F) passende Antwort (A) an.

a] An der Bushaltestelle stehen 28 Kinder.
7 davon steigen in den ersten Bus ein.

F: Wie viele Kinder stehen dann noch da?

R: 28 − 7 = 21

| A: An der Bushaltestelle steigen 7 Kinder ein. ◯ | A: Es stehen noch 21 Kinder an der Bushaltestelle. ✕ | A: Im Bus sitzen jetzt 23 Kinder. ◯ |

b] Lea und Anne sammeln Schneckenhäuser.
Lea hat 23 Schneckenhäuser, Anne hat 5 mehr als Lea.

F: Wie viele Schneckenhäuser hat Anne?

R: 23 + 5 = 28

| A: Zusammen haben sie 28 Schnecken-häuser. ◯ | A: Lea hat 23 Schnecken-häuser. ◯ | A: Anne hat 28 Schnecken-häuser. ◯ |

2 Schreibe eine passende Antwort (A) zur Frage (F).

a] Im Bus sitzen 28 Kinder.
6 davon steigen an der Haltestelle aus.

F: Wie viele Kinder sitzen dann noch im Bus?

R: 28 − 6 = 22

A: *Im Bus*

b] Max und Tim sammeln Sticker.
Max hat 32 Sticker, Tim hat 6 Sticker mehr als Max.

F: Wie viele Sticker hat Tim?

R: 32 + 6 = 38

A: _____

1 Ordne jeder Rechengeschichte (G) die passende Frage (F),
Rechnung (R) und Antwort (A) zu. Kreise ein.

Rechengeschichten (G):

Beim Dosenwerfen
stehen 15 Dosen
übereinander.
Tim hat
4 getroffen.

Beim Sackhüpfen
warten 7 Kinder,
bis sie an der Reihe
sind. Nun kommen noch
5 Kinder dazu.

Von 58 Losen
wurden erst
7 Lose verkauft.

Am Ende des
Spieletags sollen
39 Luftballons
losfliegen. 9 sind
schon mit Gas gefüllt.

Fragen (F):

Wie viele Luftballons müssen
noch mit Gas gefüllt werden?

Wie viele Kinder stehen nun
beim Sackhüpfen an?

Wie viele Dosen stehen noch?

Wie viele Lose sind noch übrig?

Rechnungen (R):

$58 - 7 = 51$ $15 - 4 = 11$ $39 - 9 = 30$ $7 + 5 = 12$

Antworten (A):

Nun stehen 12 Kinder beim
Sackhüpfen an.

Es müssen noch 30 Luftballons
mit Gas gefüllt werden.

51 Lose sind noch übrig.

11 Dosen stehen noch.

D 23

★ Rechengeschichten passende Fragen, Rechnungen und Antworten zuordnen

1 Finde zu jeder Rechengeschichte (G) eine Frage (F), die Rechnung (R) und Antwort (A).

a) G: Tim ist 8 Jahre alt.
Seine Mutter ist 39 Jahre alt.

b) G: Tom hat 24 Fußballbilder.
Paul schenkt ihm noch 5 Fußballbilder.

c) G: Lena hat eine Perlenkette mit 68 Perlen.
Leider ist die Kette gerissen.
6 Perlen sind verloren gegangen.

Seite 19 Aufgabe 1
a) F: Wie ...
    R: ...
    A: ...
b) ...

2 Schreibe zu jeder Rechnung (R) eine Rechengeschichte (G) und eine Frage (F).

a) R: 25 + 3 = 28

b) R: 58 − 6 = 52

Seite 19 Aufgabe 2
a) G: ...
    F: ...
b) ...

3 Schreibe zu jeder Antwort (A) eine Rechengeschichte (G) und eine Frage (F).

a) A: Jetzt hat sie 32 Tierpostkarten.

b) A: 5 Kinder sind ausgestiegen.

c) A: Ich muss noch 6 Seiten lesen.

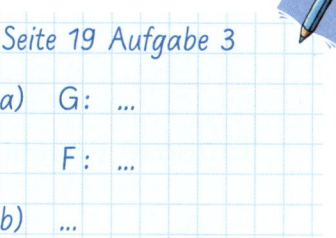

Seite 19 Aufgabe 3
a) G: ...
    F: ...
b) ...

4 Schreibe zu jeder Frage (F) eine Rechengeschichte (G).

a) F: Wie viele hat Lisa mehr als Anne?

b) F: Wie viele braucht Tim noch?

c) F: Wie alt ist der Vater?

Seite 19 Aufgabe 4
a) G: ...
b) ...

★ SF: zu einer Rechengeschichte Frage, Rechnung und Antwort finden ★ SF: zu einer vorgegebenen Rechnung bzw. Antwort eine passende Rechengeschichte mit Frage schreiben
★ SF: zu einer vorgegebenen Frage eine passende Rechengeschichte schreiben

1 Übe mit einem anderen Kind zusammen die Plusaufgaben bis 20.

2 Löse die Aufgaben.

a) 8 + 4 = 12
7 + 6 =
5 + 7 =
8 + 7 =

b) 9 + 4 =
6 + 8 =
4 + 9 =
7 + 7 =

c) 7 + 5 =
5 + 8 =
10 + 7 =
3 + 8 =

d) 6 + 6 =
9 + 8 =
4 + 7 =
2 + 9 =

e) 7 + 8 =
8 + 4 =
9 + 6 =
9 + 9 =

f) 5 + 6 =
8 + 5 =
10 + 9 =
9 + 7 =

3 Ergänze passend.

a)

11	
6	5
5	·
	9
	7
3	
8	

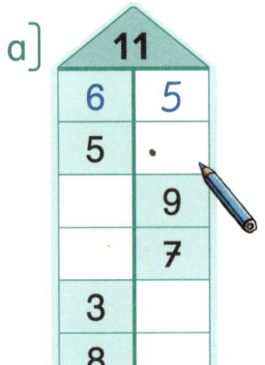

b)

12	
3	
	8
5	
6	
	5
	4

c)

13	
3	
5	
	7
	6
8	
4	

d)

14	
9	
	6
7	
	10
5	
	4

e)

15	
9	
	7
10	
	8
5	
6	

★ Plusaufgaben mit Zehnerüberschreitung im Zahlenraum bis 20 lösen
★ Ergänzungsaufgaben in Zahlenhäusern lösen

1 Suche dir ein anderes Kind.
Legt die Aufgaben mit Zehner-
streifen und Wendeplättchen.
Zeichnet Rechenbilder.

$48 + 6 = 54$

$48 + 6$	$67 + 5$
$29 + 4$	$56 + 7$
$38 + 3$	$42 + 9$

2 Schreibe zu jedem Rechenbild die Plusaufgabe.

a)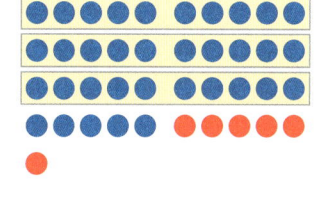

$$3\ 5\ +\ 6\ =\ 4\ 1$$

b)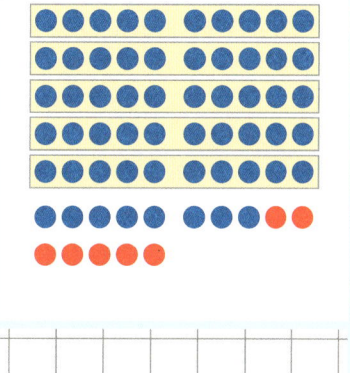

c)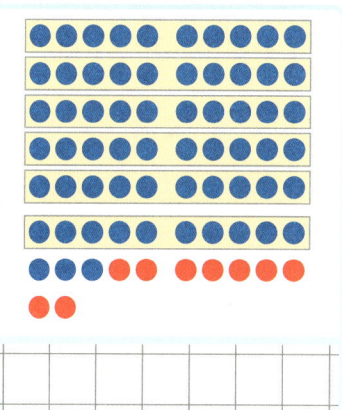

d)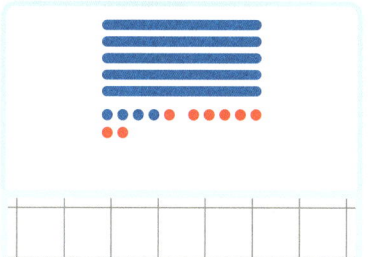

e)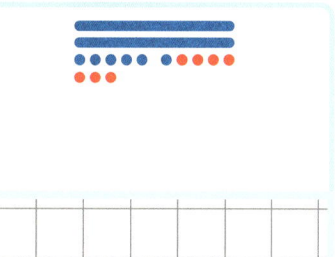

f)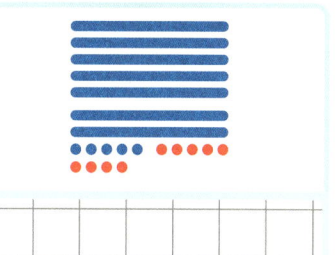

3 Zeichne Rechenbilder und löse die Plusaufgaben.

a)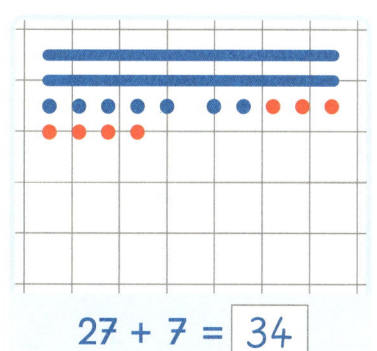

$27 + 7 = \boxed{34}$

b)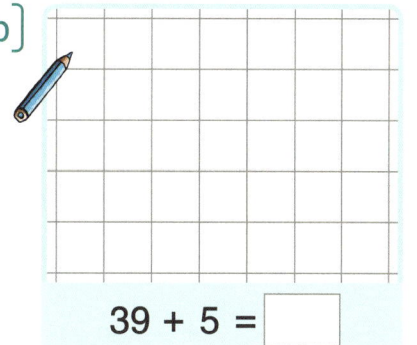

$39 + 5 = \boxed{}$

c)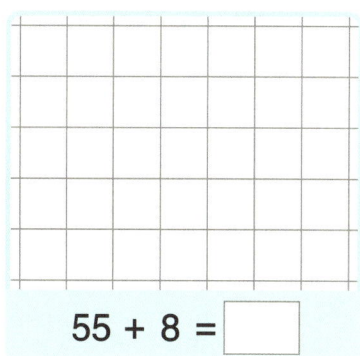

$55 + 8 = \boxed{}$

★ Plusaufgaben mit Zehnerstreifen und Plättchen legen, passende Rechenbilder zeichnen
★ Rechenbilder in Plusaufgaben übertragen
★ Rechenbilder zu Plusaufgaben zeichnen

1 Schreibe zu den Punktebildern verwandte Aufgabenpaare.

kleine Aufgabe

große Aufgabe

a)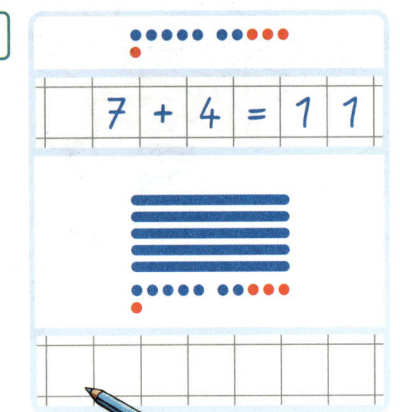

7 + 4 = 11

b)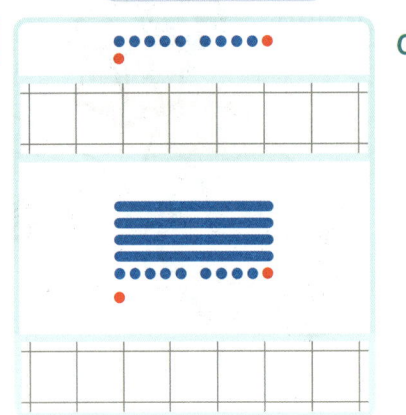

c)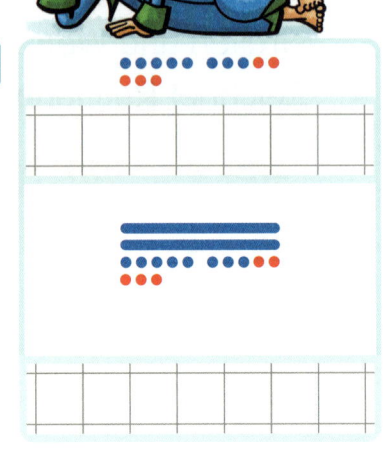

2 Schreibe zu den Punktebildern verwandte Aufgaben.

a)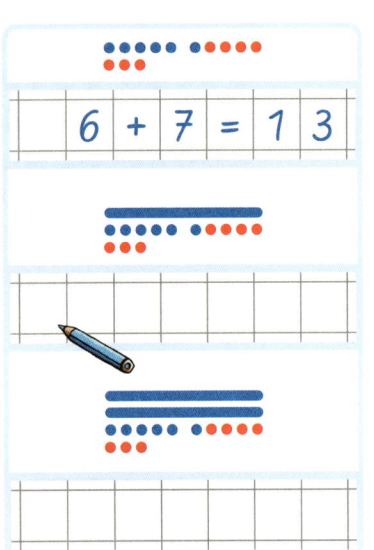

6 + 7 = 13

b)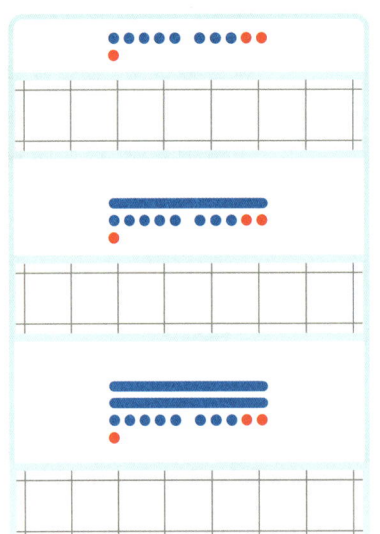

c)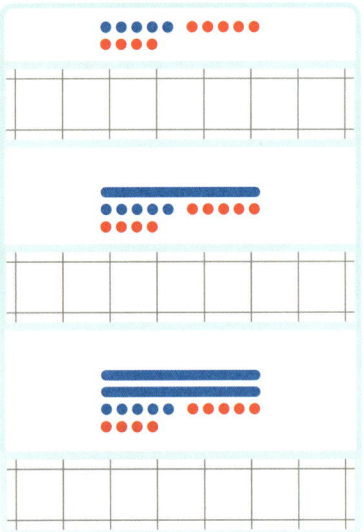

3 Löse die verwandten Aufgaben und ergänze eigene.

a) 6 + 8 = ☐
   16 + 8 = ☐
   46 + 8 = ☐

b) 9 + 4 = ☐
   29 + 4 = ☐
   69 + 4 = ☐

c) 7 + 5 = ☐
   17 + 5 = ☐
   87 + 5 = ☐

d) 4 + 7 = ☐
   24 + 7 = ☐
   ☐ + ☐ = ☐

e) 6 + 9 = ☐
   ☐ + ☐ = ☐
   ☐ + ☐ = ☐

f) 8 + 7 = ☐
   ☐ + ☐ = ☐
   ☐ + ☐ = ☐

★ zu vorgegebenen Rechenbildern Analogieaufgaben finden und lösen
★ MK: Strukturen erkennen und Analogieaufgaben lösen

kleine Aufgabe: 9 + 4 = 13
große Aufgabe: 29 + 4 = 33

Ich rechne zuerst die kleine Aufgabe.

1 Finde und berechne zuerst die kleine Aufgabe. Löse dann die Aufgabe.

a) $8 + 5 = 13$
    $38 + 5 = 43$

b) ☐ + ☐ = ☐
    $45 + 7 =$ ☐

c) ☐ + ☐ = ☐
    $76 + 8 =$ ☐

d) ☐ + ☐ = ☐
    $74 + 7 =$ ☐

e) ☐ + ☐ = ☐
    $86 + 6 =$ ☐

f) ☐ + ☐ = ☐
    $64 + 8 =$ ☐

g) ☐ + ☐ = ☐
    $57 + 5 =$ ☐

h) ☐ + ☐ = ☐
    $88 + 3 =$ ☐

i) ☐ + ☐ = ☐
    $59 + 8 =$ ☐

j) ☐ + ☐ = ☐
    $44 + 9 =$ ☐

k) ☐ + ☐ = ☐
    $35 + 7 =$ ☐

l) ☐ + ☐ = ☐
    $74 + 8 =$ ☐

2 Berechne zuerst die kleine Aufgabe im Kopf. Löse dann die Aufgabe.

a) $36 + 6 = 42$
    $54 + 7 =$ ☐ $6 + 6 = 12$
    $69 + 2 =$ ☐

b) $72 + 9 =$ ☐
    $47 + 5 =$ ☐
    $29 + 8 =$ ☐

c) $83 + 8 =$ ☐
    $48 + 4 =$ ☐
    $75 + 6 =$ ☐

d) $73 + 8 =$ ☐
    $38 + 9 =$ ☐
    $66 + 8 =$ ☐

e) $84 + 7 =$ ☐
    $45 + 6 =$ ☐
    $57 + 4 =$ ☐

f) $67 + 9 =$ ☐
    $33 + 8 =$ ☐
    $85 + 7 =$ ☐

★ die kleine Aufgabe finden und als Rechenhilfe nutzen

25 + 8 = 33
25 + 5 = 30
30 + 3 = 33

Rechne zuerst bis zum nächsten Zehner und dann weiter.

---

1 Lies die Aufgabe und die Rechenschritte am Rechenstrich ab.
Schreibe sie auf.

a]
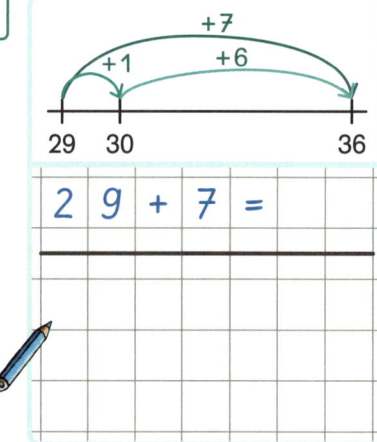

4	4	+	8	=	5	2

4	4	+	6	=	5	0

5	0	+	2	=	5	2

b]

2	9	+	7	=		

c]

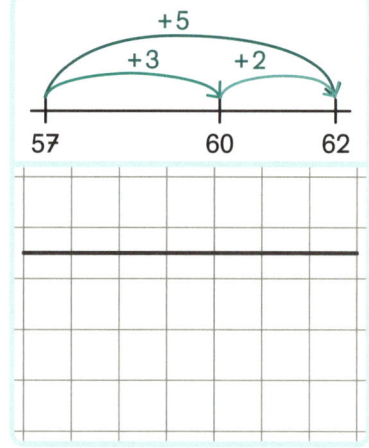

---

2 Finde die beiden Rechenschritte. Löse die Aufgaben.

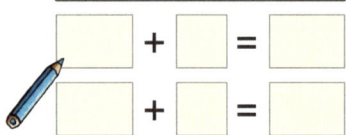

a] 47 + 8 = ☐
☐ + ☐ = ☐
☐ + ☐ = ☐

b] 56 + 7 = ☐
☐ + ☐ = ☐
☐ + ☐ = ☐

c] 77 + 6 = ☐
☐ + ☐ = ☐
☐ + ☐ = ☐

d] 35 + 8 = ☐
☐ + ☐ = ☐
☐ + ☐ = ☐

e] 68 + 4 = ☐
☐ + ☐ = ☐
☐ + ☐ = ☐

f] 85 + 7 = ☐
☐ + ☐ = ☐
☐ + ☐ = ☐

g] 65 + 6 = ☐
☐ + ☐ = ☐
☐ + ☐ = ☐

h] 78 + 7 = ☐
☐ + ☐ = ☐
☐ + ☐ = ☐

i] 54 + 8 = ☐
☐ + ☐ = ☐
☐ + ☐ = ☐

★ Plusaufgaben am Rechenstrich ablesen
★ Plusaufgaben mit Zehnerüberschreitung in zwei Schritten lösen
★ die beiden Rechenschritte notieren

Ich rechne zuerst +10 und dann −1.

$$27 + 9 = 36$$
$$\overline{27 + 10 = 37}$$
$$37 - 1 = 36$$

1 Lies die Aufgabe und die Rechenschritte am Rechenstrich ab. Schreibe sie auf.

a]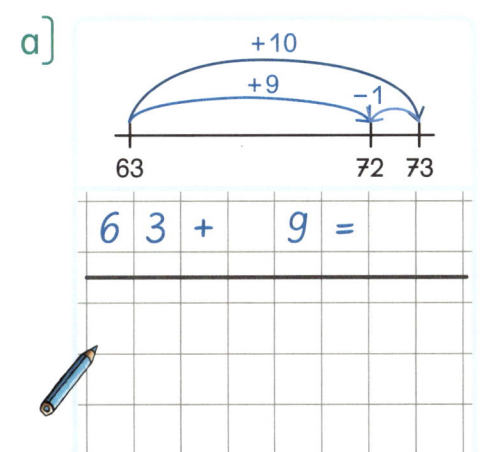

$$6\ 3\ +\ \ 9\ =$$

b]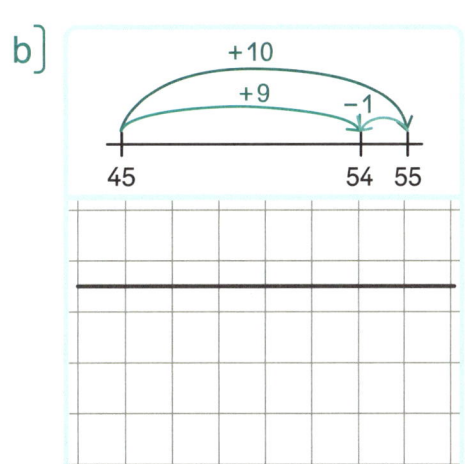

2 Finde die beiden Rechenschritte. Löse die Aufgaben.

a] $84\ +\ 9 = \boxed{}$

$\boxed{} \bigcirc \boxed{} = \boxed{}$

$\boxed{} \bigcirc \boxed{} = \boxed{}$

b] $39\ +\ 9 = \boxed{}$

$\boxed{} \bigcirc \boxed{} = \boxed{}$

$\boxed{} \bigcirc \boxed{} = \boxed{}$

c] $76\ +\ 9 = \boxed{}$

$\boxed{} \bigcirc \boxed{} = \boxed{}$

$\boxed{} \bigcirc \boxed{} = \boxed{}$

3 Erkläre einem anderen Kind, wie du Plusaufgaben mit 9 leichter rechnen kannst.

4 Löse die Aufgaben. Rechne die Rechenschritte im Kopf.

a] $28 + 9 = \boxed{}$

$53 + 9 = \boxed{}$

$76 + 9 = \boxed{}$

b] $65 + 9 = \boxed{}$

$32 + 9 = \boxed{}$

$19 + 9 = \boxed{}$

c] $86 + 9 = \boxed{}$

$57 + 9 = \boxed{}$

$44 + 9 = \boxed{}$

★ Plus-9-Aufgaben geschickt lösen

1 Finde und berechne zuerst die kleine Aufgabe. Löse dann die Aufgabe.

a) 8 + 7 = 15

38 + 7 = ☐

b) ☐ + ☐ = ☐

45 + 6 = ☐

c) ☐ + ☐ = ☐

26 + 9 = ☐

d) ☐ + ☐ = ☐

84 + 8 = ☐

e) ☐ + ☐ = ☐

57 + 6 = ☐

f) ☐ + ☐ = ☐

68 + 8 = ☐

2 Finde die beiden Rechenschritte. Löse die Aufgaben.

a) 47 + 5 = ☐

47 + 3 = 50

50 + 2 = ☐

b) 29 + 6 = ☐

☐ + ☐ = ☐

☐ + ☐ = ☐

c) 58 + 4 = ☐

☐ + ☐ = ☐

☐ + ☐ = ☐

d) 36 + 8 = ☐

☐ + ☐ = ☐

☐ + ☐ = ☐

e) 75 + 8 = ☐

☐ + ☐ = ☐

☐ + ☐ = ☐

f) 44 + 7 = ☐

☐ + ☐ = ☐

☐ + ☐ = ☐

3 Löse die Plus-9-Aufgaben. Finde die beiden Rechenschritte.

a) 54 + 9 = ☐

54 (+) 10 = 64

64 (−) 1 = ☐

b) 27 + 9 = ☐

☐ ◯ ☐ = ☐

☐ ◯ ☐ = ☐

c) 63 + 9 = ☐

☐ ◯ ☐ = ☐

☐ ◯ ☐ = ☐

4 Finde und löse zuerst die Tauschaufgabe. Löse dann die Aufgabe.

a) 29 + 3 = ☐

3 + 29 = ☐

b) ☐ + ☐ = ☐

6 + 87 = ☐

c) ☐ + ☐ = ☐

7 + 58 = ☐

d) ☐ + ☐ = ☐

9 + 44 = ☐

* Plusaufgaben mit verschiedenen vorgegebenen Strategien lösen

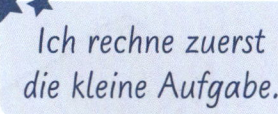

Ich rechne zuerst die kleine Aufgabe.

Ich rechne in zwei Schritten.

Ich rechne die Tauschaufgabe.

Ich rechne zuerst + 10.

$8 + 5 = 13$
$48 + 5 = 53$

$57 + 8 = 65$
$57 + 3 = 60$
$60 + 5 = 65$

$28 + 3 = 31$
$3 + 28 = 31$

$36 + 9 = 45$
$36 + 10 = 46$
$46 - 1 = 45$

1 Untersucht die Rechenwege der Kinder.

a) Beschreibe einem anderen Kind, warum die unterschiedlichen Rechenwege jeweils zur Aufgabe passen.

b) Sucht für jeden Rechenweg weitere dazu passende Plusaufgaben.

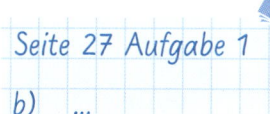

Seite 27 Aufgabe 1
b) ...

2 Rechne im Heft.
Finde einen passenden Rechenweg. Schreibe ihn auf.

a)
$86 + 6 = $
$75 + 9 = $
$64 + 8 = $
$27 + 5 = $

b)
$4 + 68 = $
$43 + 9 = $
$58 + 7 = $
$37 + 6 = $

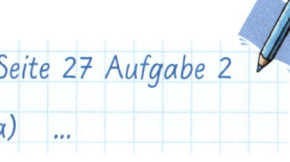

Seite 27 Aufgabe 2
a) ...

3 Löse die Aufgaben. Rechne deinen Rechenweg im Kopf.

a)
$39 + 4 = \boxed{43}$
$75 + 7 = $
$9 + 52 = $

b)
$67 + 4 = $
$43 + 8 = $
$85 + 6 = $

c)
$84 + 7 = $
$62 + 9 = $
$76 + 8 = $

d)
$4 + 88 = $
$45 + 7 = $
$77 + 6 = $

e)
$34 + 8 = $
$57 + 9 = $
$89 + 4 = $

f)
$29 + 5 = $
$46 + 8 = $
$56 + 7 = $

★ SF: verschiedene Lösungswege und ihre Notation aufgabenbezogen nachvollziehen und beschreiben, weitere passende Aufgaben finden
★ den eigenen Rechenweg finden und notieren

 D 25   ÜH 18   AH 24   **27**

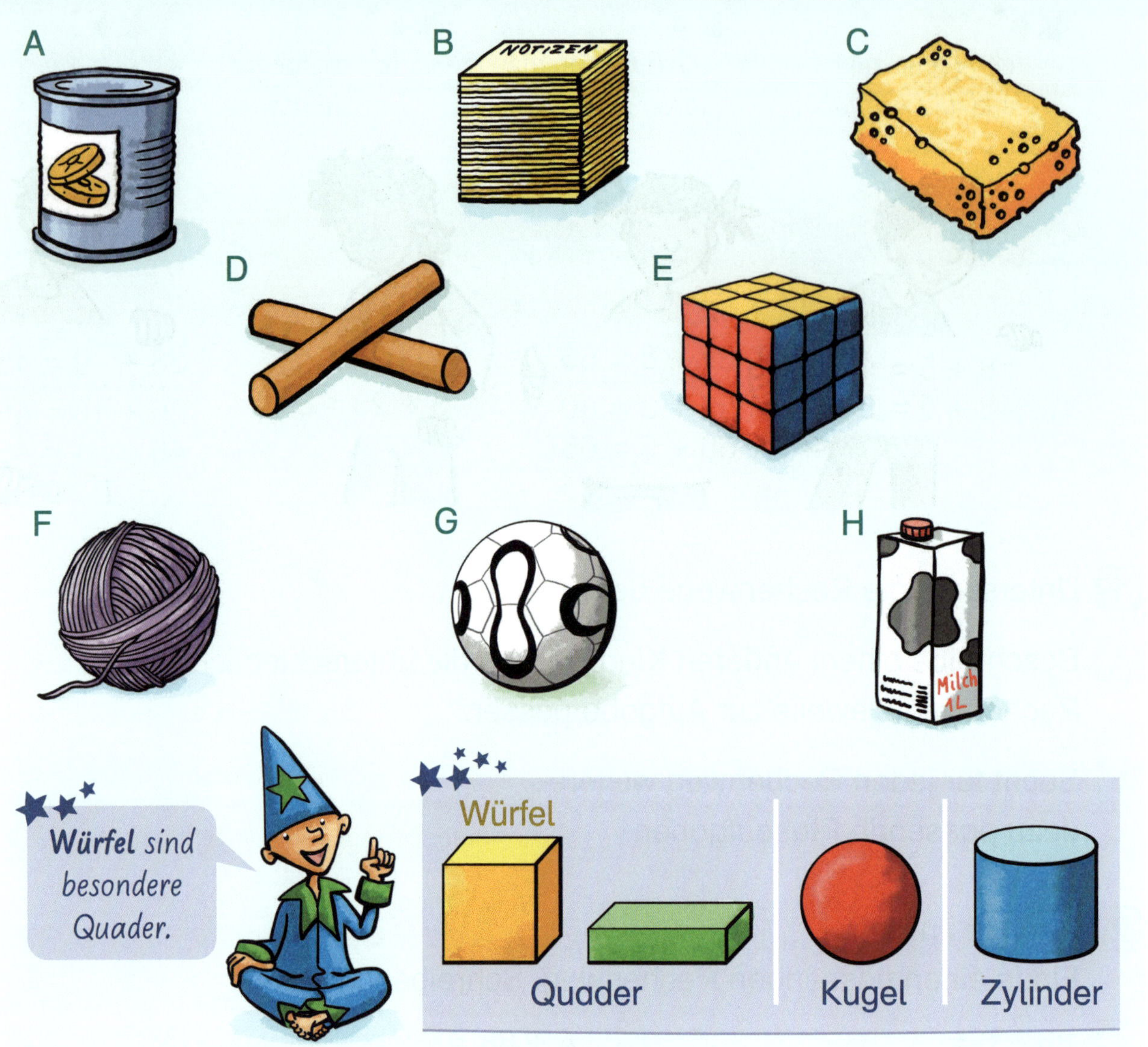

A

B NOTIZEN

C

D

E

F

G

H Milch 1L

Würfel sind besondere Quader.

Würfel

Quader   Kugel   Zylinder

1 Schreibe auf, welche Körper du entdeckst.

Würfel: _____   Quader: _____

Kugel: _____   Zylinder: _____

2 Suche in deiner Umgebung Dinge, die die Form von Quadern, Würfeln, Kugeln und Zylindern haben. Bringe sie mit, schreibe sie auf, zeichne oder fotografiere sie. Ordne ihnen die passende Form zu.

3 Sortiert die mitgebrachten Gegenstände. Welche kann man kippen, welche rollen?

4 Gestaltet eine Ausstellung mit euren Gegenständen. Überlegt, wie ihr sie anordnen wollt.

★ Alltagsgegenstände geometrischen Körpern zuordnen ★ MK: für eine Ausstellung reale, fotografierte, gezeichnete oder ausgeschnittene Abbildungen von Alltagsgegenständen zusammentragen ★ Gegenstände nach ihrer Form oder Eigenschaft ordnen

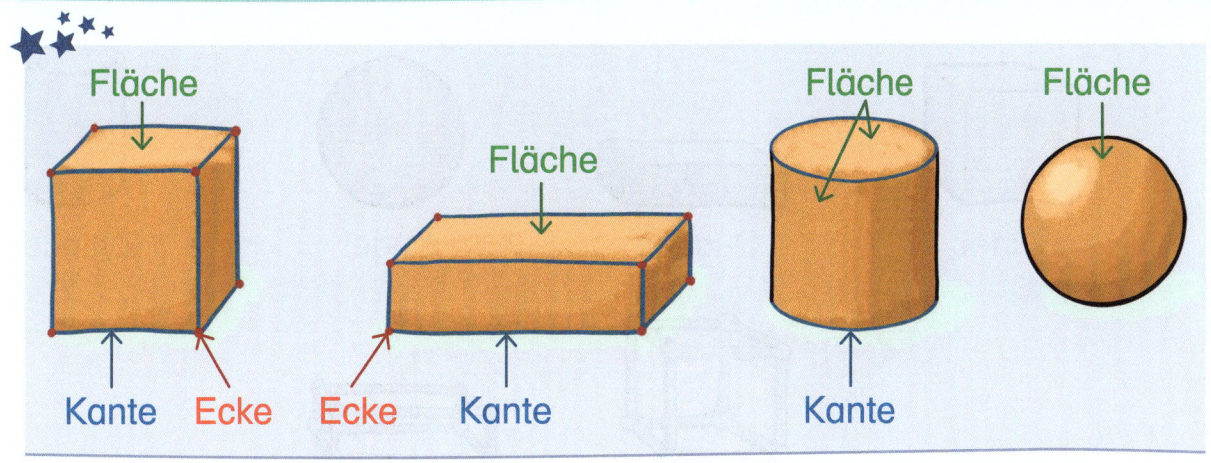

Fläche · Fläche · Fläche · Fläche

Kante · Ecke · Ecke · Kante · Kante

1 Ergänze die Tabelle.

	Flächen	Kanten	Ecken
Würfel	6		
Quader			
Zylinder			
Kugel			

2 Löse die Rätsel.

Der Körper hat 6 Flächen.
Alle Flächen sind Quadrate.

_____

Der Körper hat keine Ecke
und keine Kante.

_____

Der Körper hat 12 Kanten.
Immer 4 Kanten sind
gleich lang.

_____

Der Körper kann rollen.
Er hat 3 Flächen.

_____

3 Schreibe ein eigenes Körper-Rätsel.

_____
_____
_____

★ Merkmale geometrischer Körper kennenlernen (Anzahl der Ecken, Kanten und Flächen)
★ geometrische Körper in Rätseln erkennen
★ SF: Rätsel formulieren, Fachbegriffe „Ecke", „Kante" „Fläche" verwenden

 ÜH 19   29

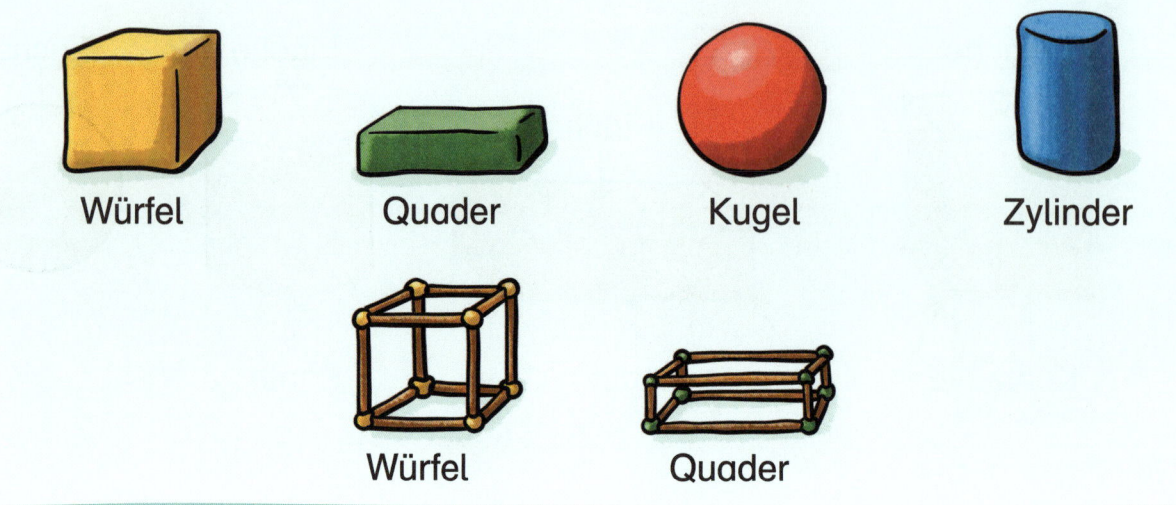

Würfel   Quader   Kugel   Zylinder

Würfel   Quader

1 Aus Knete und Holzstäbchen kannst du Körper bauen.

a Forme einen Körper aus Knete.

b Baue einen Körper aus Knete und Holzstäbchen.

c Schreibe auf, welche Körper man aus Knete formen kann:

_____

d Schreibe auf, welche Körper man aus Knete und Holzstäbchen bauen kann:

_____

2 Immer zwei Teile ergeben zusammen einen geometrischen Körper.
Schreibe auf, welche Teile zusammengehören. Welchen Körper bilden sie?

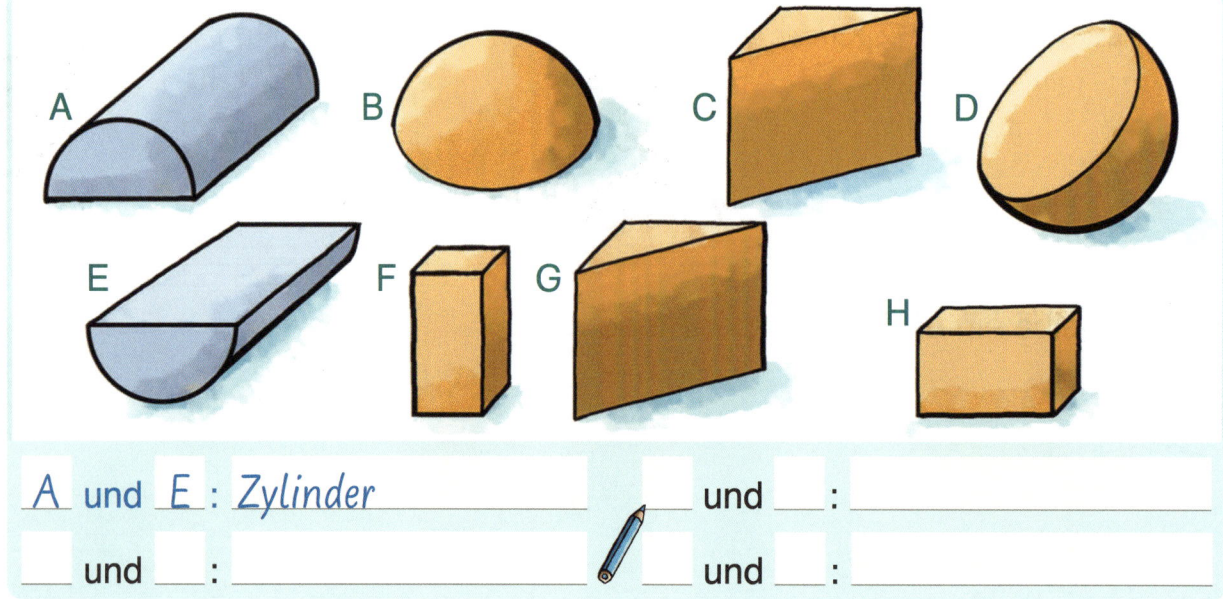

A   B   C   D

E   F   G   H

A und E : Zylinder _____ ___ und ___ : _____

___ und ___ : _____ ___ und ___ : _____

★ Körper aus Knete formen oder aus Knete und Holzstäbchen bauen
★ abgebildete Körperteile zu vollständigen Körpern zusammenfügen

| von vorn | von hinten | von links | von rechts |

1 Baue nach. Ordne die Ansichten zu.

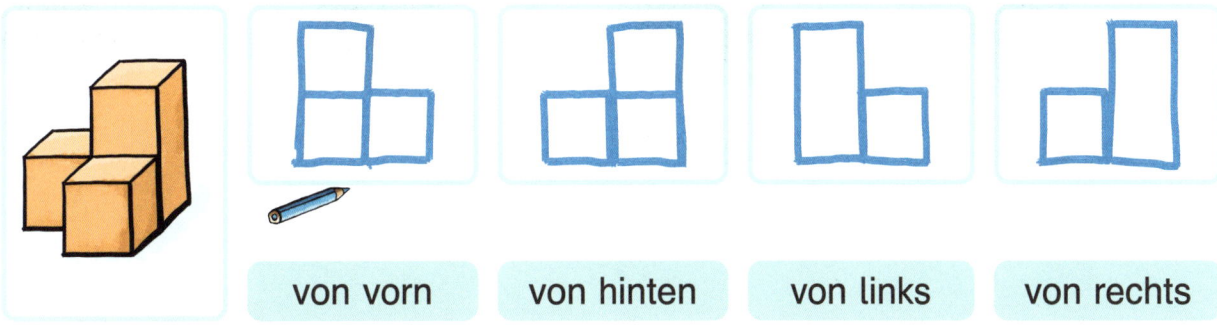

| von vorn | von hinten | von links | von rechts |

2 Baue nach. Zeichne die Ansichten.

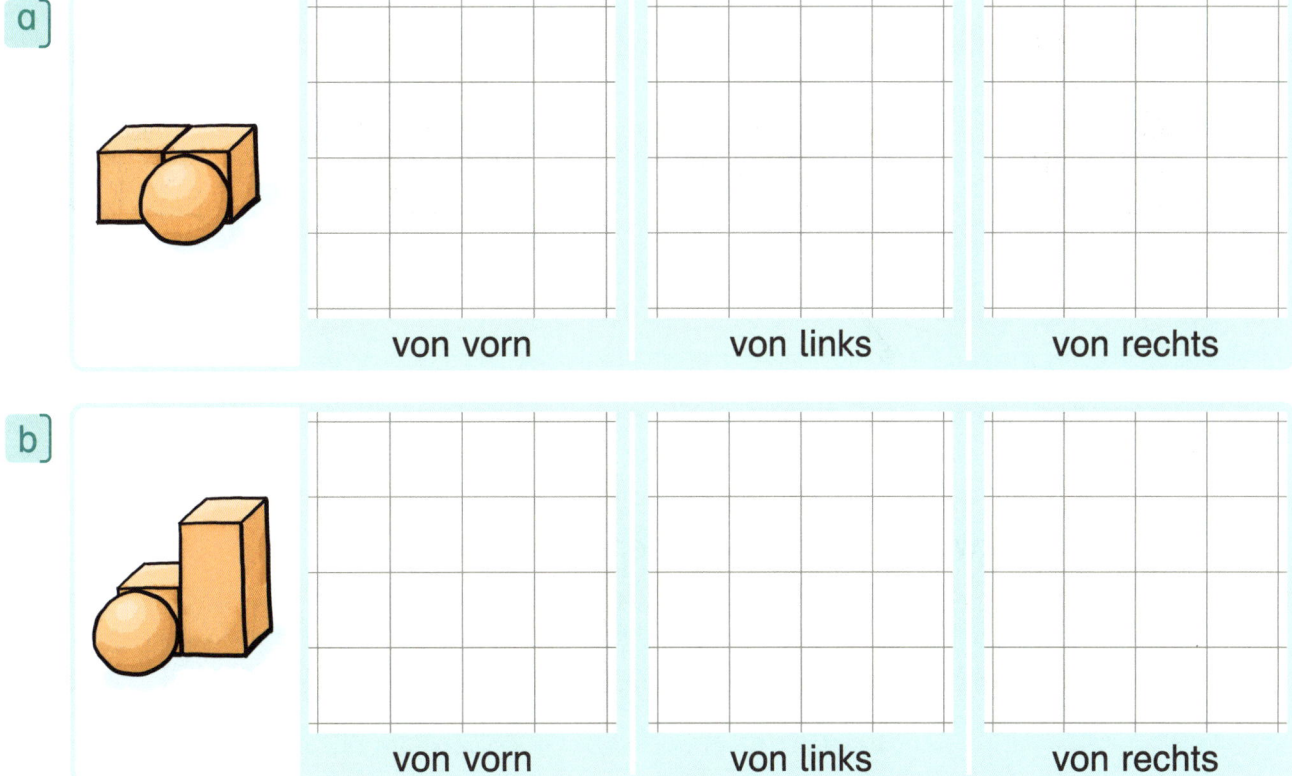

1 Baue mit Steckwürfeln nach. Bestimme die Anzahl der Einzelwürfel.

a]
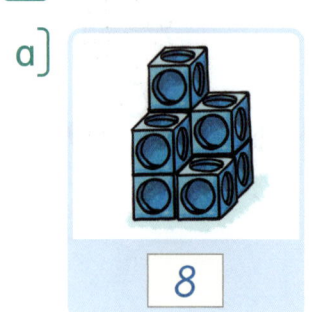
8

b]

c]

d]

2 Baue mit Steckwürfeln nach. Benutze die Baupläne als Hilfe.

a]

2	1
1	1

b]

2	2
2	2

c]
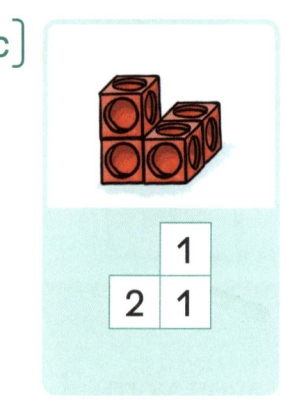

	1
2	1

d]
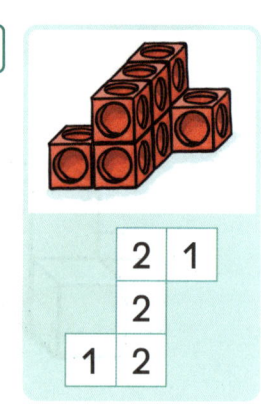

2	1
2	
1	2

3 Baue nach und schreibe die passenden Baupläne.

a]
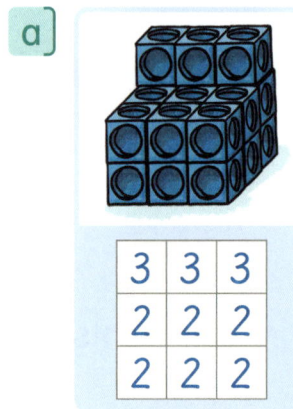

3	3	3
2	2	2
2	2	2

b]
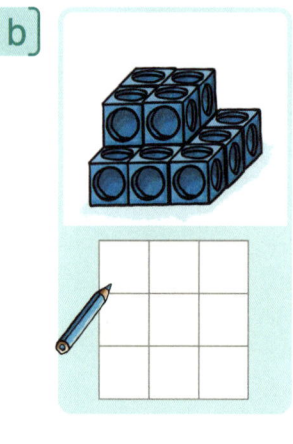

c]
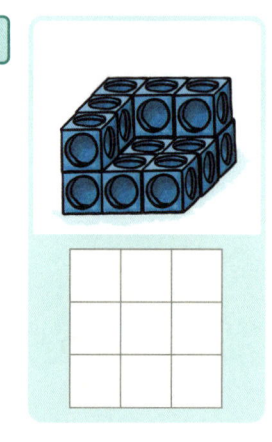

d]

4 Baue mit Steckwürfeln nach folgenden Bauplänen.

a]

	1
2	1

b]

2	1	1	2
	1	1	

c]

1	2	1
1	2	1

d]

	2	
1	1	1
	1	1

 AH 26   ÜH 20    D 28   ★ Anzahl der bei Würfelbauten verwendeten Steckwürfel ermitteln
★ mit Steckwürfeln Bauwerke unter Verwendung der Baupläne nachbauen
★ zu vorgegebenen Bauwerken Baupläne erstellen

1 Ordne jedem Bauwerk den passenden Bauplan zu.

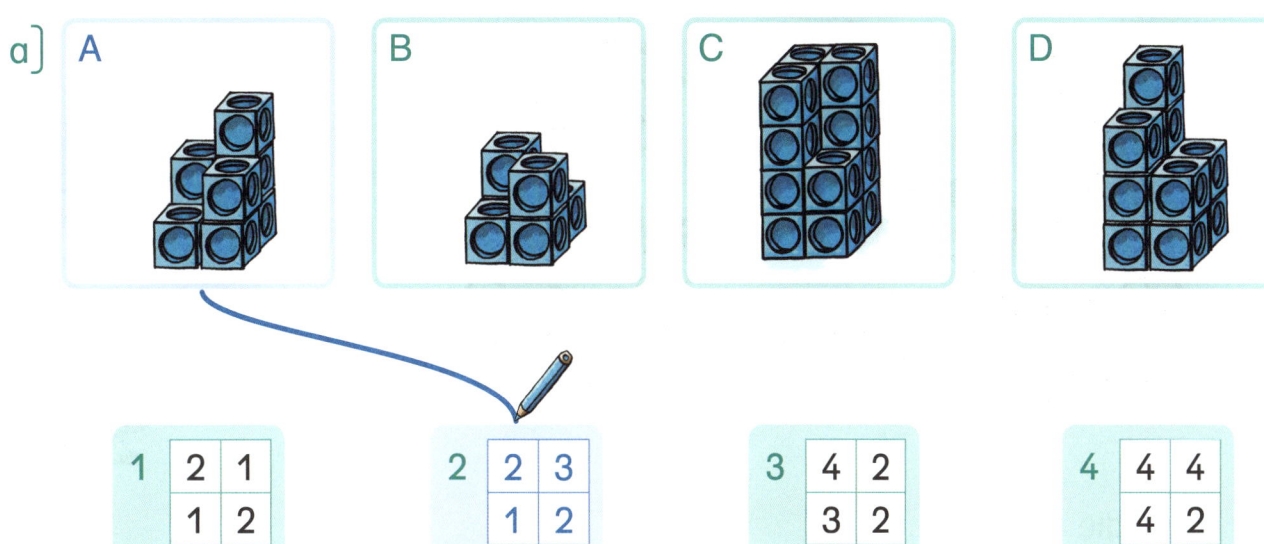

a)

A	B	C	D

1	2	1
	1	2

2	2	3
	1	2

3	4	2
	3	2

4	4	4
	4	2

b)

A	B	C	D

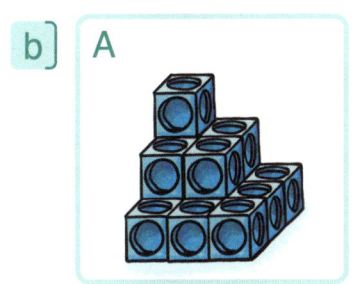 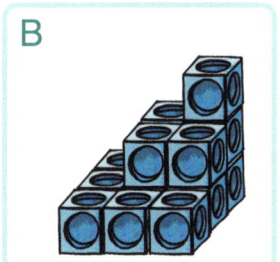 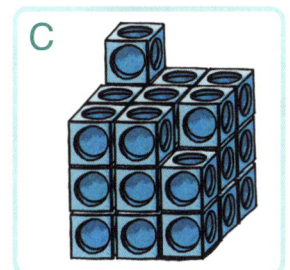 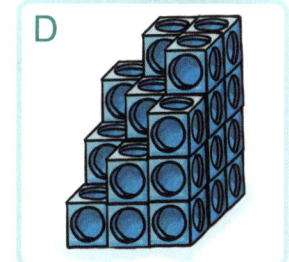

1	4	3	3
	3	3	3
	3	3	2

2	1	2	3
	1	2	2
	1	1	1

3	3	2	1
	2	2	1
	1	1	1

4	3	4	4
	2	3	4
	1	2	3

2 Ermittle die Anzahl der Einzelwürfel.

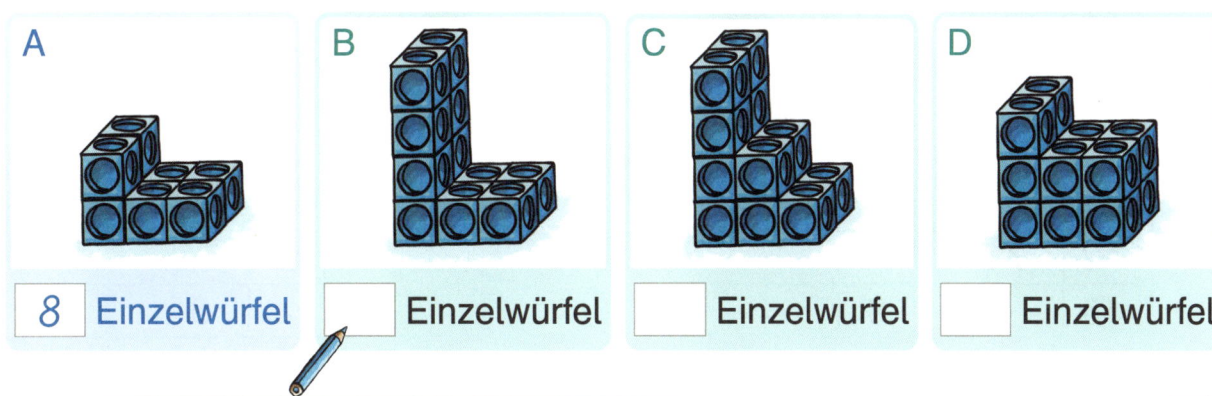

A — *8* Einzelwürfel   B — ___ Einzelwürfel   C — ___ Einzelwürfel   D — ___ Einzelwürfel

1 Übe mit einem anderen Kind zusammen die Minusaufgaben bis 20.

15 minus 7   8   Das kannst du schon.

2 Löse die Aufgaben.

a) 12 – 4 = 8
    13 – 6 = ☐
    16 – 7 = ☐
    11 – 5 = ☐

b) 11 – 4 = ☐
    14 – 9 = ☐
    12 – 8 = ☐
    13 – 9 = ☐

c) 15 – 8 = ☐
    12 – 5 = ☐
    16 – 9 = ☐
    14 – 7 = ☐

d) 12 – 6 = ☐
    14 – 8 = ☐
    13 – 7 = ☐
    16 – 8 = ☐

e) 11 – 8 = ☐
    13 – 4 = ☐
    14 – 6 = ☐
    17 – 9 = ☐

f) 15 – 6 = ☐
    18 – 9 = ☐
    17 – 8 = ☐
    12 – 9 = ☐

3 Fülle die Rechentabellen aus.

a)

–	3	5	7	9	4
11					
13					

b)

–	7	9	6	5	8
16					
14					

c)

–		8		6	7
12	7				
15			6		

d)

–	8		6		
		9			
13		9		4	6

★ Minusaufgaben mit Zehnerüberschreitung im Zahlenraum bis 20 lösen
★ Minusaufgaben in Tabellen lösen

1 Suche dir ein anderes Kind.
Legt die Aufgaben mit Zehner-
streifen und Wendeplättchen.
Zeichnet Rechenbilder.

$32 - 5 = 27$

32 – 5	44 – 8
24 – 7	56 – 9
71 – 6	93 – 6

2 Schreibe zu jedem Rechenbild die Minusaufgabe.

a)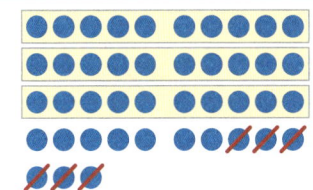

$$4 \; 3 \; - \; 6 \; = \; 3 \; 7$$

b)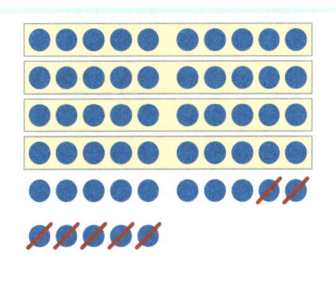

c)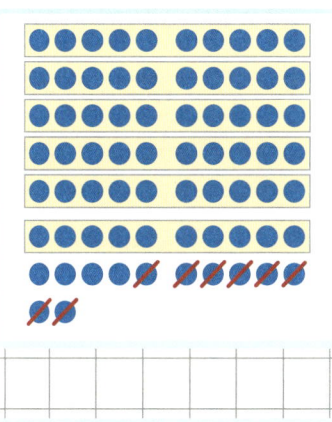

d)

e)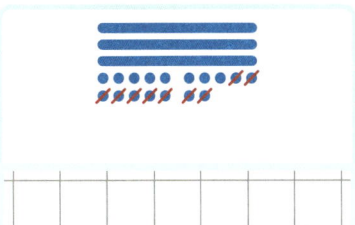

f)

3 Zeichne Rechenbilder und löse die Minusaufgaben.

a)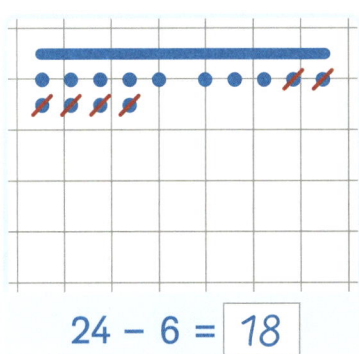

$24 - 6 = \boxed{18}$

b)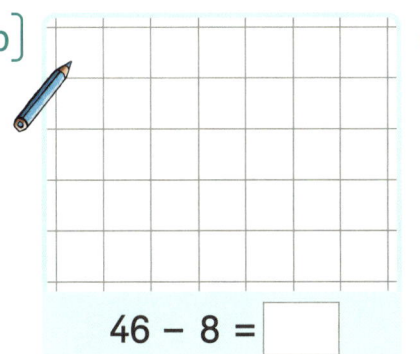

$46 - 8 = \boxed{}$

c)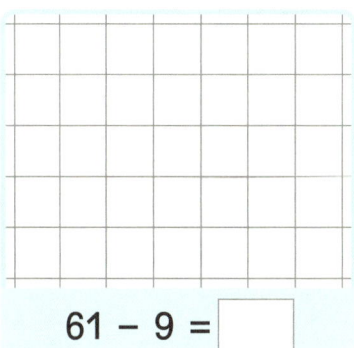

$61 - 9 = \boxed{}$

★ Minusaufgaben mit Zehnerstreifen und Plättchen legen, passende Rechenbilder zeichnen
★ Rechenbilder in Minusaufgaben übertragen
★ Rechenbilder zu Minusaufgaben zeichnen

kleine Aufgabe

große Aufgabe

1 | Schreibe zu den Punktebildern verwandte Aufgabenpaare.

a)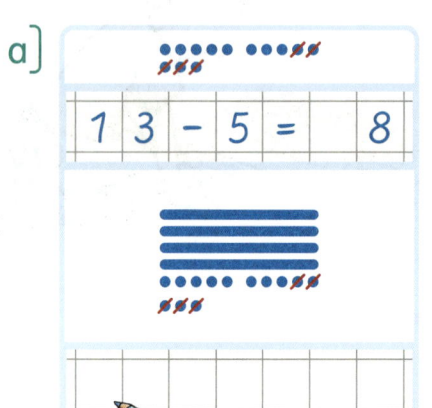

$$13 - 5 = 8$$

b)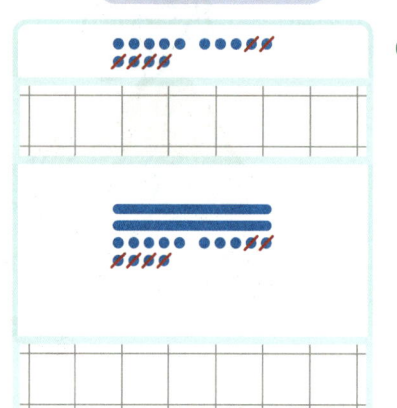

c)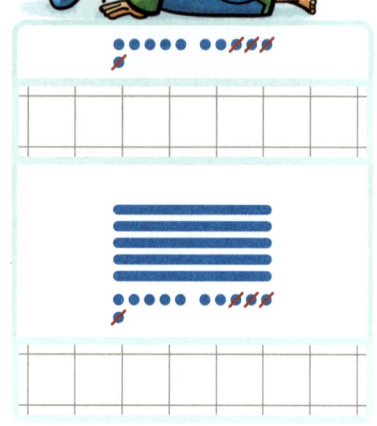

2 | Schreibe zu den Punktebildern verwandte Aufgaben.

a)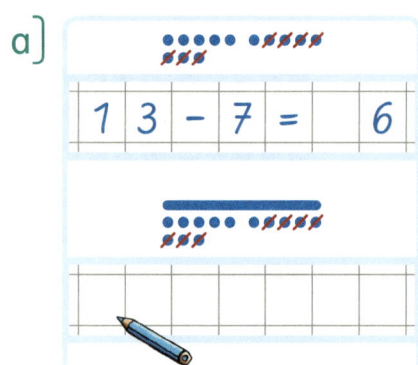

$$13 - 7 = 6$$

b)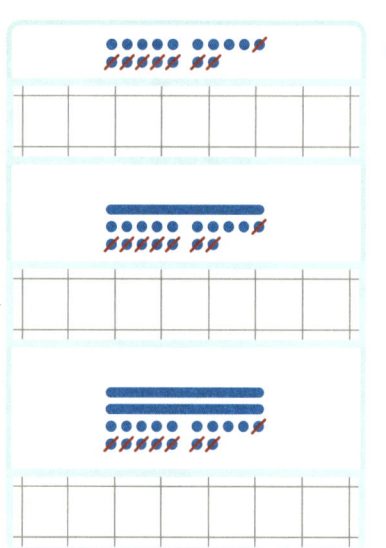

c)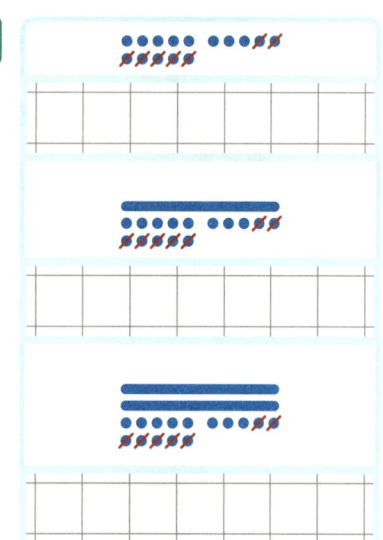

3 | Löse die verwandten Aufgaben und ergänze eigene.

a) $16 - 7 = \boxed{}$

$26 - 7 = \boxed{}$

$46 - 7 = \boxed{}$

b) $12 - 5 = \boxed{}$

$32 - 5 = \boxed{}$

$92 - 5 = \boxed{}$

c) $18 - 9 = \boxed{}$

$48 - 9 = \boxed{}$

$68 - 9 = \boxed{}$

d) $11 - 3 = \boxed{}$

$31 - 3 = \boxed{}$

$\boxed{} - \boxed{} = \boxed{}$

e) $15 - 7 = \boxed{}$

$\boxed{} - \boxed{} = \boxed{}$

$\boxed{} - \boxed{} = \boxed{}$

f) $14 - 8 = \boxed{}$

$\boxed{} - \boxed{} = \boxed{}$

$\boxed{} - \boxed{} = \boxed{}$

★ zu vorgegebenen Rechenbildern Analogieaufgaben finden und lösen
★ MK: Strukturen erkennen und Analogieaufgaben lösen

kleine Aufgabe: 15 − 8 = 7
große Aufgabe: 65 − 8 = 57

Ich rechne zuerst die *kleine Aufgabe.*

---

1 Finde und berechne zuerst die kleine Aufgabe. Löse dann die Aufgabe.

a) $13 - 6 = 7$
   $83 - 6 = 77$

b) ☐ − ☐ = ☐
   $21 - 4 =$ ☐

c) ☐ − ☐ = ☐
   $35 - 7 =$ ☐

d) ☐ − ☐ = ☐
   $74 - 7 =$ ☐

e) ☐ − ☐ = ☐
   $53 - 8 =$ ☐

f) ☐ − ☐ = ☐
   $45 - 9 =$ ☐

g) ☐ − ☐ = ☐
   $52 - 5 =$ ☐

h) ☐ − ☐ = ☐
   $82 - 3 =$ ☐

i) ☐ − ☐ = ☐
   $64 - 8 =$ ☐

j) ☐ − ☐ = ☐
   $45 - 7 =$ ☐

k) ☐ − ☐ = ☐
   $33 - 7 =$ ☐

l) ☐ − ☐ = ☐
   $74 - 6 =$ ☐

2 Berechne zuerst die kleine Aufgabe im Kopf. Löse dann die Aufgabe.

a) $61 - 2 = 59$
   $54 - 7 =$ ☐ $11 - 2 = 9$
   $63 - 6 =$ ☐

b) $72 - 9 =$ ☐
   $43 - 5 =$ ☐
   $35 - 8 =$ ☐

c) $22 - 6 =$ ☐
   $55 - 7 =$ ☐
   $74 - 5 =$ ☐

d) $71 - 8 =$ ☐
   $38 - 9 =$ ☐
   $66 - 8 =$ ☐

e) $83 - 7 =$ ☐
   $45 - 6 =$ ☐
   $52 - 4 =$ ☐

f) $67 - 9 =$ ☐
   $33 - 8 =$ ☐
   $95 - 7 =$ ☐

Rechne zuerst bis zum nächsten Zehner und dann weiter.

$$33 - 5 = 28$$
$$33 - 3 = 30$$
$$30 - 2 = 28$$

1 Lies die Aufgabe und die Rechenschritte am Rechenstrich ab.
Schreibe sie auf.

a)
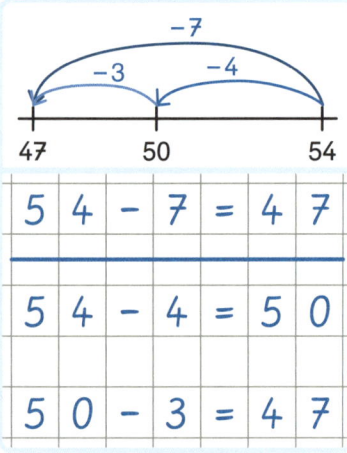

$$5\ 4 - 7 = 4\ 7$$
$$5\ 4 - 4 = 5\ 0$$
$$5\ 0 - 3 = 4\ 7$$

b)
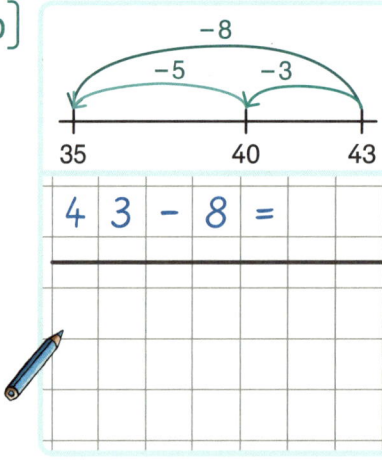

$$4\ 3 - 8 =$$

c)
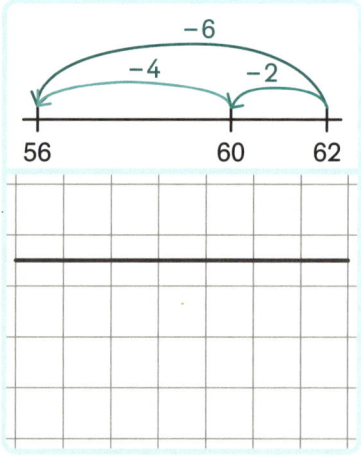

2 Finde die beiden Rechenschritte. Löse die Aufgaben.

a) $53 - 6 = \boxed{}$

$\boxed{} - \boxed{} = \boxed{}$

$\boxed{} - \boxed{} = \boxed{}$

b) $72 - 8 = \boxed{}$

$\boxed{} - \boxed{} = \boxed{}$

$\boxed{} - \boxed{} = \boxed{}$

c) $31 - 7 = \boxed{}$

$\boxed{} - \boxed{} = \boxed{}$

$\boxed{} - \boxed{} = \boxed{}$

d) $23 - 7 = \boxed{}$

$\boxed{} - \boxed{} = \boxed{}$

$\boxed{} - \boxed{} = \boxed{}$

e) $81 - 5 = \boxed{}$

$\boxed{} - \boxed{} = \boxed{}$

$\boxed{} - \boxed{} = \boxed{}$

f) $36 - 8 = \boxed{}$

$\boxed{} - \boxed{} = \boxed{}$

$\boxed{} - \boxed{} = \boxed{}$

g) $62 - 6 = \boxed{}$

$\boxed{} - \boxed{} = \boxed{}$

$\boxed{} - \boxed{} = \boxed{}$

h) $44 - 5 = \boxed{}$

$\boxed{} - \boxed{} = \boxed{}$

$\boxed{} - \boxed{} = \boxed{}$

i) $95 - 7 = \boxed{}$

$\boxed{} - \boxed{} = \boxed{}$

$\boxed{} - \boxed{} = \boxed{}$

★ Minusaufgaben am Rechenstrich ablesen
★ Minusaufgaben mit Zehnerüberschreitung in zwei Schritten lösen
★ die beiden Rechenschritte notieren

45 − 9 = 36
_____
45 − 10 = 35
35 + 1 = 36

Ich rechne zuerst
−10 und dann +1.

1 Lies die Aufgabe und die Rechenschritte am Rechenstrich ab.
Schreibe sie auf.

a]
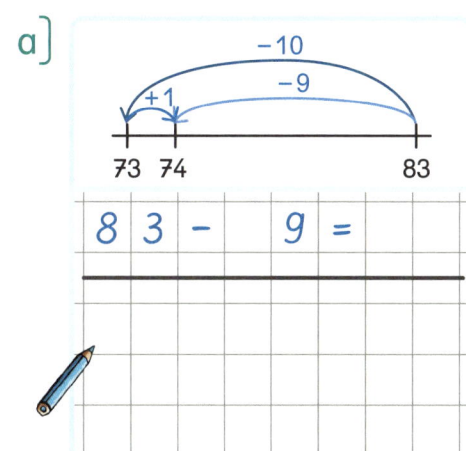

8	3	−		9	=	

b]
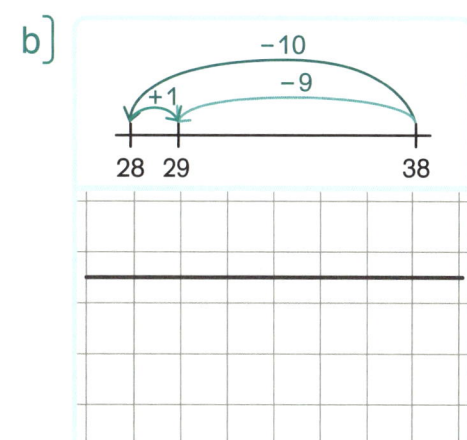

2 Finde die beiden Rechenschritte. Löse die Aufgaben.

a] 26 − 9 = ☐

☐ ◯ ☐ = ☐
☐ ◯ ☐ = ☐

b] 91 − 9 = ☐

☐ ◯ ☐ = ☐
☐ ◯ ☐ = ☐

c] 54 − 9 = ☐

☐ ◯ ☐ = ☐
☐ ◯ ☐ = ☐

3 Erkläre einem anderen Kind, wie du Minusaufgaben mit 9
leichter rechnen kannst.

4 Löse die Aufgaben. Rechne die Rechenschritte im Kopf.

a] 42 − 9 = ☐

85 − 9 = ☐

27 − 9 = ☐

b] 35 − 9 = ☐

96 − 9 = ☐

53 − 9 = ☐

c] 78 − 9 = ☐

43 − 9 = ☐

64 − 9 = ☐

★ Minus-9-Aufgaben geschickt lösen

5 Minusaufgaben mit verschiedenen Strategien lösen

1 Finde und berechne zuerst die kleine Aufgabe. Löse dann die Aufgabe.

a) $16 - 9 = 7$
   $56 - 9 = $ ☐

b) ☐ $-$ ☐ $=$ ☐
   $23 - 5 = $ ☐

c) ☐ $-$ ☐ $=$ ☐
   $92 - 7 = $ ☐

d) ☐ $-$ ☐ $=$ ☐
   $74 - 8 = $ ☐

e) ☐ $-$ ☐ $=$ ☐
   $61 - 6 = $ ☐

f) ☐ $-$ ☐ $=$ ☐
   $35 - 9 = $ ☐

2 Finde die beiden Rechenschritte. Löse die Aufgaben.

a) $42 - 6 = $ ☐
   $42 - 2 = 40$
   $40 - 4 = $ ☐

b) $84 - 5 = $ ☐
   ☐ $-$ ☐ $=$ ☐
   ☐ $-$ ☐ $=$ ☐

c) $76 - 8 = $ ☐
   ☐ $-$ ☐ $=$ ☐
   ☐ $-$ ☐ $=$ ☐

d) $63 - 6 = $ ☐
   ☐ $-$ ☐ $=$ ☐
   ☐ $-$ ☐ $=$ ☐

e) $25 - 7 = $ ☐
   ☐ $-$ ☐ $=$ ☐
   ☐ $-$ ☐ $=$ ☐

f) $57 - 8 = $ ☐
   ☐ $-$ ☐ $=$ ☐
   ☐ $-$ ☐ $=$ ☐

3 Löse die Minus-9-Aufgaben. Finde die beiden Rechenschritte.

a) $95 - 9 = $ ☐
   $95 \ominus 10 = 85$
   $85 \oplus 1 = $ ☐

b) $37 - 9 = $ ☐
   ☐ ◯ ☐ $=$ ☐
   ☐ ◯ ☐ $=$ ☐

c) $62 - 9 = $ ☐
   ☐ ◯ ☐ $=$ ☐
   ☐ ◯ ☐ $=$ ☐

4 Löse die Aufgaben auf deinem Weg.

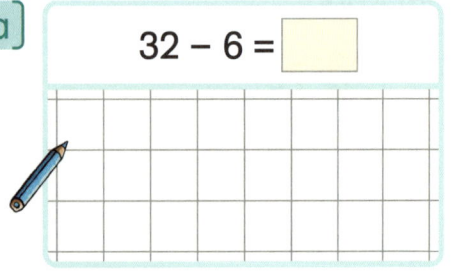

a) $32 - 6 = $ ☐

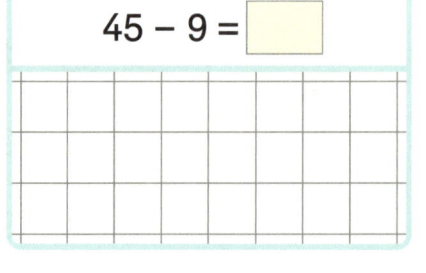

b) $45 - 9 = $ ☐

★ Minusaufgaben mit verschiedenen vorgegebenen Strategien lösen
★ Minusaufgaben mit dem eigenen Weg lösen

Ich rechne zuerst die kleine Aufgabe.

$12 - 6 = 6$
$82 - 6 = 76$

Ich rechne in zwei Schritten.

$73 - 7 = 66$
$73 - 3 = 70$
$70 - 4 = 66$

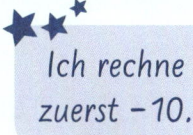

Ich rechne zuerst −10.

$35 - 9 = 26$
$35 - 10 = 25$
$25 + 1 = 26$

1 Untersucht die Rechenwege der Kinder.

a Beschreibe einem anderen Kind, warum die unterschiedlichen Rechenwege jeweils zur Aufgabe passen.

b Sucht für jeden Rechenweg weitere dazu passende Minusaufgaben.

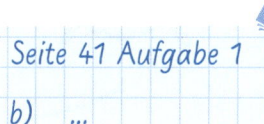

Seite 41 Aufgabe 1

b) ...

2 Rechne im Heft.
Finde jeweils einen passenden Rechenweg. Schreibe ihn auf.

a $65 - 7 = $ ▨
$72 - 9 = $ ▨
$56 - 8 = $ ▨
$93 - 4 = $ ▨

b $41 - 5 = $ ▨
$38 - 9 = $ ▨
$82 - 3 = $ ▨
$64 - 6 = $ ▨

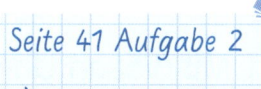

Seite 41 Aufgabe 2

a) ...

3 Löse die Aufgaben. Rechne deinen Rechenweg im Kopf.

a $31 - 4 = \boxed{27}$
$75 - 6 = $ ☐
$52 - 9 = $ ☐

b $84 - 9 = $ ☐
$43 - 8 = $ ☐
$85 - 6 = $ ☐

c $94 - 7 = $ ☐
$62 - 3 = $ ☐
$76 - 8 = $ ☐

d $22 - 5 = $ ☐
$46 - 8 = $ ☐
$53 - 7 = $ ☐

e $34 - 8 = $ ☐
$81 - 4 = $ ☐
$55 - 9 = $ ☐

f $83 - 5 = $ ☐
$77 - 8 = $ ☐
$42 - 6 = $ ☐

★ SF: verschiedene Lösungswege und ihre Notation aufgabenbezogen nachvollziehen und beschreiben, weitere passende Aufgaben finden
★ den eigenen Rechenweg finden und notieren

 D 30   ÜH 22   AH 28   **41**

Die ersten Uhren waren Sonnen-, Wasser-
und Sanduhren. Weil sie sehr ungenau waren,
entwickelten die Menschen Räderuhren.
Es gab dann kleine Uhren, die um den Hals
oder in der Tasche getragen wurden. Heute
gibt es viele verschiedene Uhren.

1 Mit diesen Uhren kannst du die Uhrzeit bestimmen.
Ordne die Namen zu und verbinde.

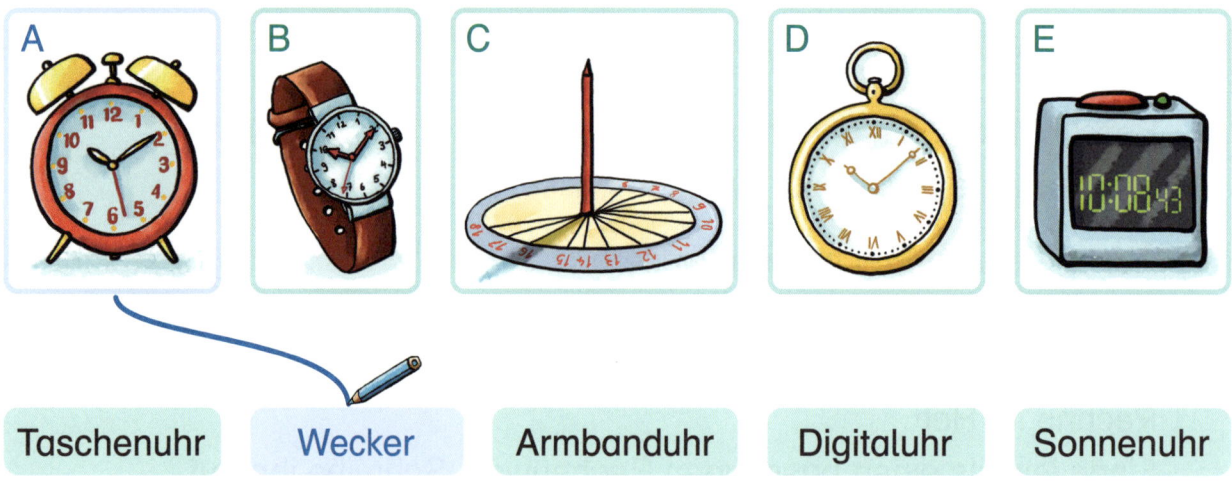

| Taschenuhr | Wecker | Armbanduhr | Digitaluhr | Sonnenuhr |

2 Mit diesen Uhren kannst du feststellen, wie lange etwas dauert.
Ordne die Namen zu und verbinde.

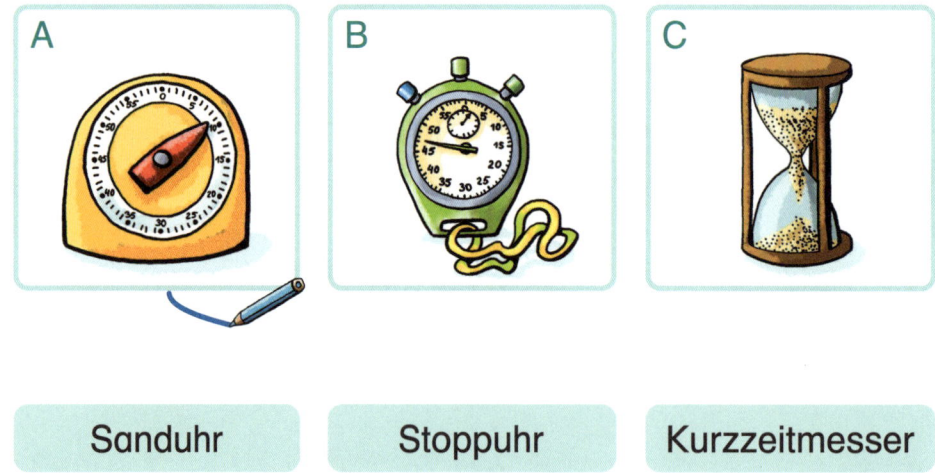

| Sanduhr | Stoppuhr | Kurzzeitmesser |

3 Überlege und besprich mit einem anderen Kind, wo du solche oder andere
Uhren schon einmal gesehen hast und wozu man sie braucht.

★ SF: verschiedene Uhren kennenlernen und benennen
★ SF: Eigenschaften und Verwendung verschiedener Uhren beschreiben

Der kleine Zeiger ist der Stundenzeiger. Er braucht
1 Stunde, um von einer Zahl zur nächsten zu wandern.

Von Mitternacht bis Mittag
braucht er 12 Stunden und
von Mittag bis Mitternacht
wieder 12 Stunden.
Der Stundenzeiger
wandert an einem Tag
zweimal im Kreis.
Eine Zeigerstellung kann
deshalb zwei Uhrzeiten angeben.

1 Tag hat
24 Stunden.

---

1 Lies beide Uhrzeiten ab und schreibe sie auf.

a)

10 Uhr
22 Uhr

b)

c)

d)

e)

f)

2 Schreibe die passende Uhrzeit auf. Achte auf die Tageszeit.

a)

13 Uhr
Mittagessen

b)

schlafen

c)

aufstehen

d)

Hausaufgaben machen

e)

ins Bett gehen

f)

in der Schule lernen

★ nachvollziehen, dass eine Zeigerstellung tageszeitabhängig zwei unterschiedliche
Uhrzeiten anzeigt
★ Uhrzeiten in vollen Stunden in beiden Tageshälften ablesen und notieren

Der große Zeiger ist der Minutenzeiger. Er zeigt an, wie viele Minuten seit der letzten vollen Stunde vergangen sind.
Für ihn gelten die Minutenstriche auf der Uhr.
Wenn der Minutenzeiger einmal ganz im Kreis herumgewandert ist, sind 60 Minuten vergangen. Das ist genau 1 Stunde.

1 Stunde = 60 Minuten
1 h   = 60 min

1 Schreibe auf, wie viele Minuten seit 1:00 Uhr vergangen sind.

a) __15__ Minuten

b) ☐ Minuten

c) ☐ Minuten

d) ☐ Minuten

2 Lies die Uhrzeit in Stunden und Minuten ab.

a) __20 Minuten nach 1 Uhr__
__1:20 Uhr__

Der **Doppelpunkt** trennt Stunde und Minute.

b)

c)

d)

★ den Minutenzeiger kennenlernen und das Zusammenspiel zwischen Stunden- und Minutenzeiger verstehen ★ nach einer vollen Stunde vergangene Minuten ablesen
★ Uhrzeiten in Stunden und Minuten angeben

3 Lies beide Uhrzeiten ab und schreibe sie auf.

a]

1:30 Uhr

13:30 Uhr

b]

c]

Denke an die Null, wenn es weniger als 10 Minuten sind.

d]

e]

f]

1:05
13:05

g]

h]

i]

j]

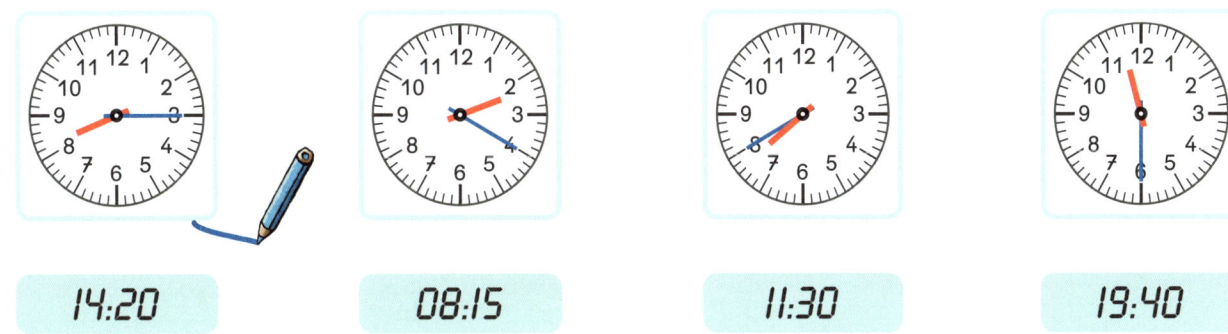

Bei **digitalen Uhren** kann man für alle 24 Stunden die Stunden-angabe direkt ablesen. Auch die Stunde wird immer mit zwei Ziffern angezeigt. Uhrzeiten vor 10 Uhr vormittags beginnen mit einer Null.

4 Ordne passend zu.

14:20

08:15

11:30

19:40

★ Uhrzeiten in Stunden und Minuten ablesen und notieren
★ Uhrzeiten an einer Digitaluhr ablesen und den Unterschied zur Zeigeruhr kennenlernen
★ Uhrzeiten auf Zeiger- und Digitaluhren zuordnen

ÜH 23   AH 29   45

eine **Viertelstunde**
(15 Minuten)

eine **halbe Stunde**
(30 Minuten)

eine **Dreiviertelstunde**
(45 Minuten)

7:15 Uhr
Viertel nach 7
viertel 8

7:30 Uhr

halb 8

7:45 Uhr
Viertel vor 8
drei viertel 8

Man kann es unterschiedlich sagen.

 1 Suche dir ein anderes Kind.
Stellt verschiedene
Uhrzeiten mit
15 Minuten,
30 Minuten,
45 Minuten ein.
Lest die Uhrzeiten
ab. Sagt es
unterschiedlich.

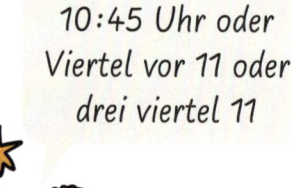

*10:45 Uhr oder
Viertel vor 11 oder
drei viertel 11*

*Und 22:45 Uhr
oder drei viertel 11
oder Viertel vor 11*

2 Lies die Uhrzeiten ab. Schreibe sie auf unterschiedliche Arten auf.

a)  0:15 Uhr, 12:15 Uhr
Viertel nach 12
viertel 1

b)

c)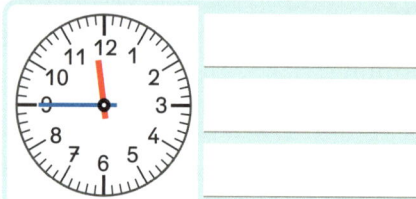

d)

★ Viertelstunde, halbe Stunde und Dreiviertelstunde als alternative Minutenangaben
kennenlernen ★ SF: Uhrzeiten ablesen und auf unterschiedliche Weise benennen

1 Ordne jeder Zeigerstellung zwei Uhrzeiten zu.

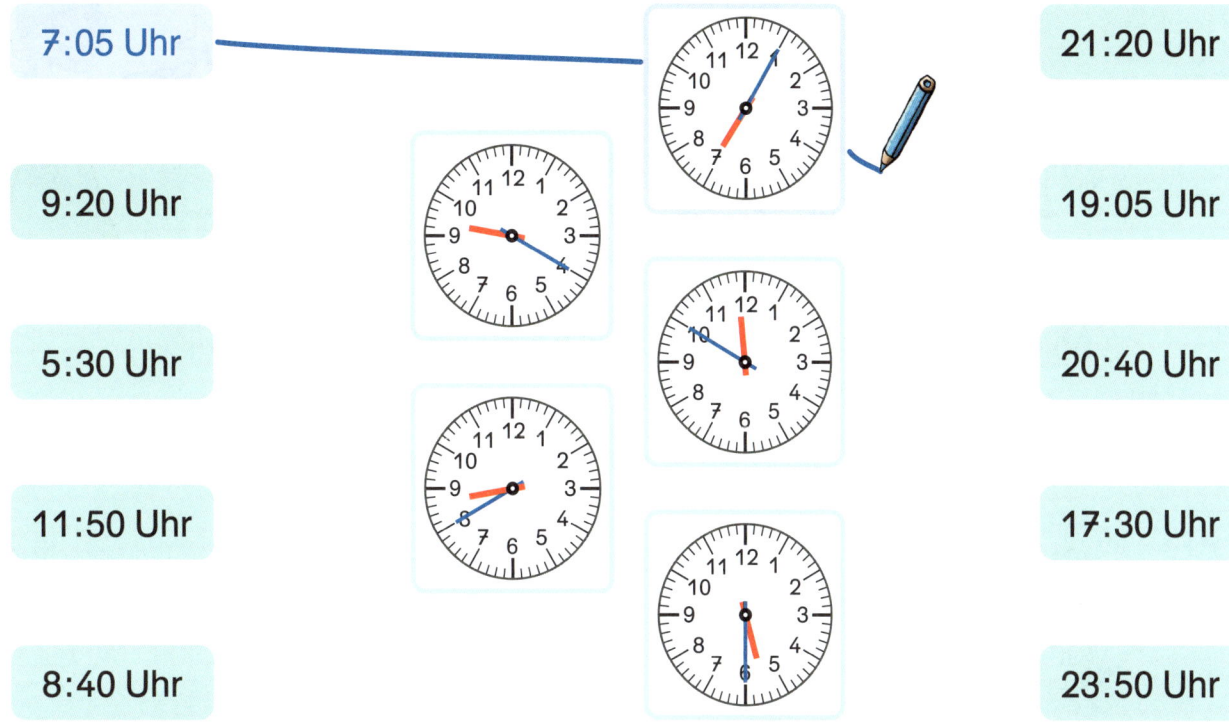

7:05 Uhr   21:20 Uhr

9:20 Uhr   19:05 Uhr

5:30 Uhr   20:40 Uhr

11:50 Uhr   17:30 Uhr

8:40 Uhr   23:50 Uhr

2 Lies die Uhrzeiten ab. Schreibe sie immer auf drei Arten auf.

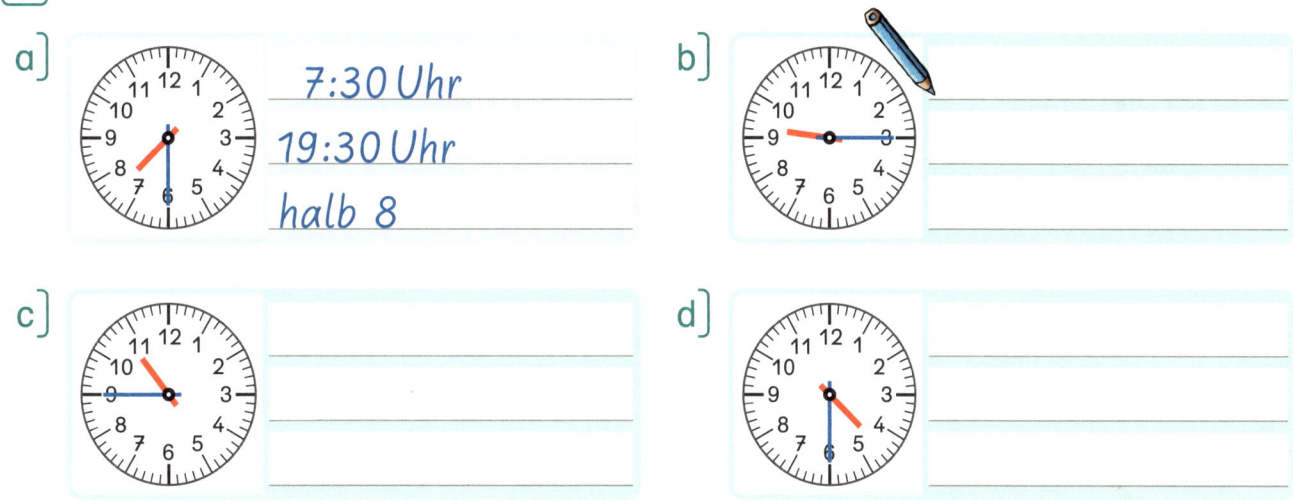

a) 7:30 Uhr
19:30 Uhr
halb 8

b)

c)

d)

3 Übertrage die Uhrzeiten von der Zeigeruhr auf die Digitaluhr.

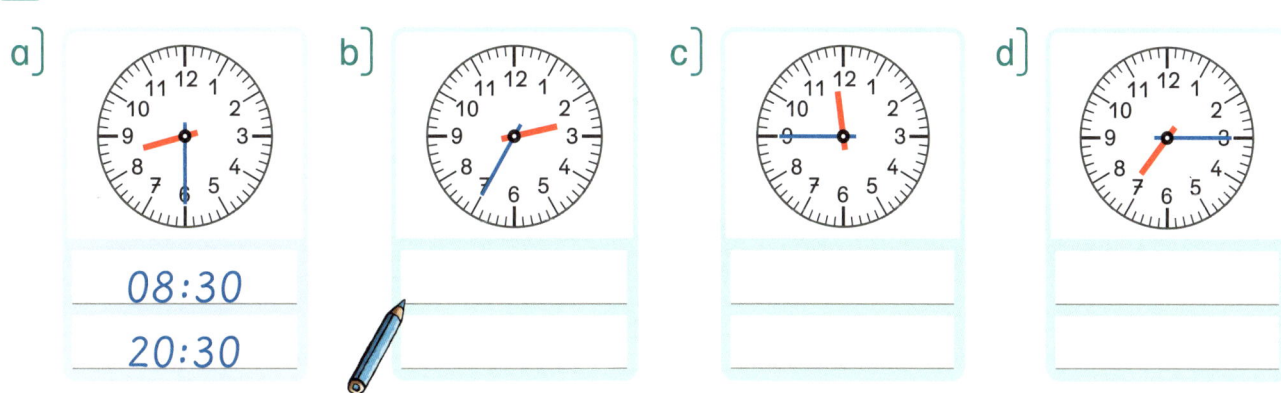

a) 08:30
20:30

b)

c)

d)

★ Uhrzeitangaben der passenden Zeigerstellung zuordnen
★ SF: Uhrzeiten ablesen und auf unterschiedliche Weise benennen und notieren
★ auf einer analogen Uhr Uhrzeiten ablesen und in Digitalanzeige übertragen

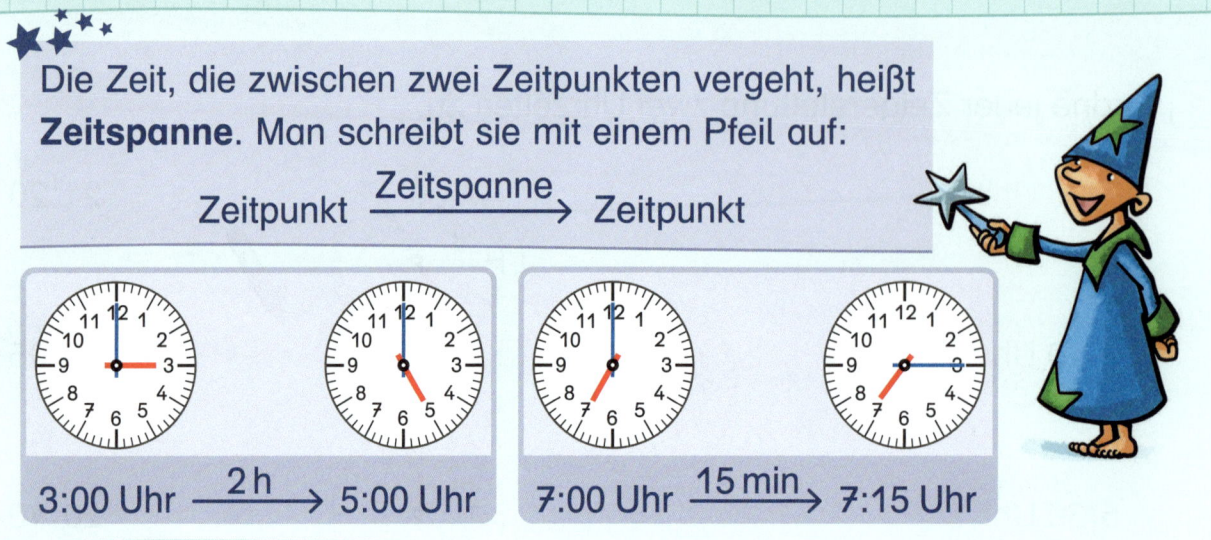

Die Zeit, die zwischen zwei Zeitpunkten vergeht, heißt **Zeitspanne**. Man schreibt sie mit einem Pfeil auf:

Zeitpunkt $\xrightarrow{\text{Zeitspanne}}$ Zeitpunkt

3:00 Uhr $\xrightarrow{2\,h}$ 5:00 Uhr   7:00 Uhr $\xrightarrow{15\,min}$ 7:15 Uhr

1 Lies ab, wie viele Stunden (h) vergangen sind.

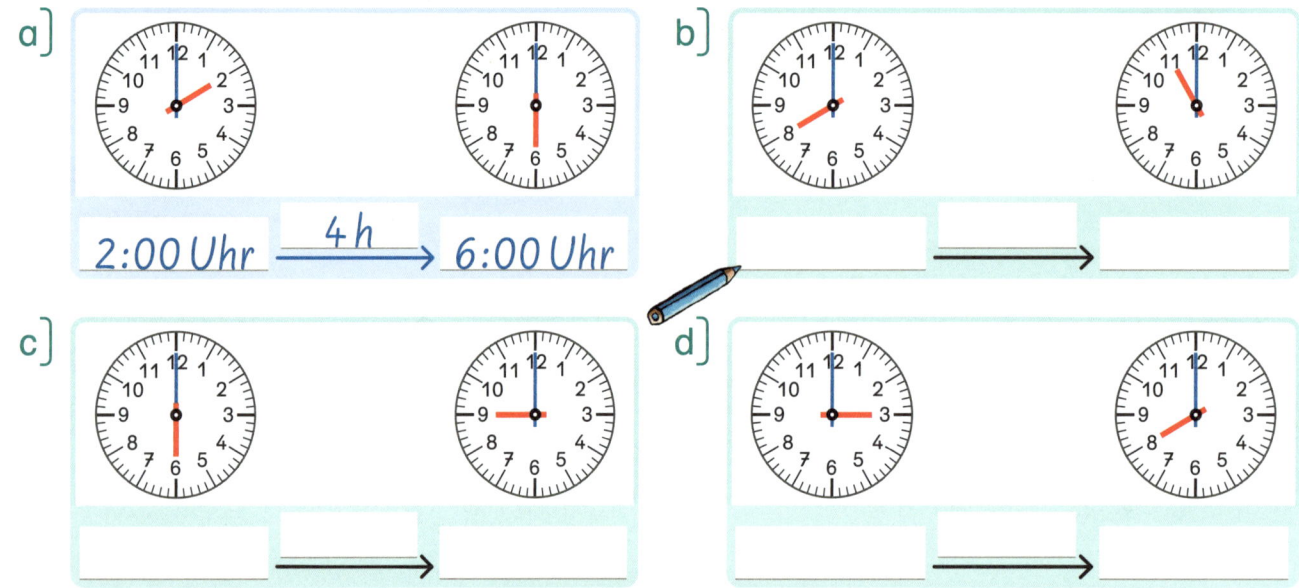

a) 2:00 Uhr $\xrightarrow{4\,h}$ 6:00 Uhr

b)

c)

d)

2 Lies ab, wie viele Minuten (min) vergangen sind.

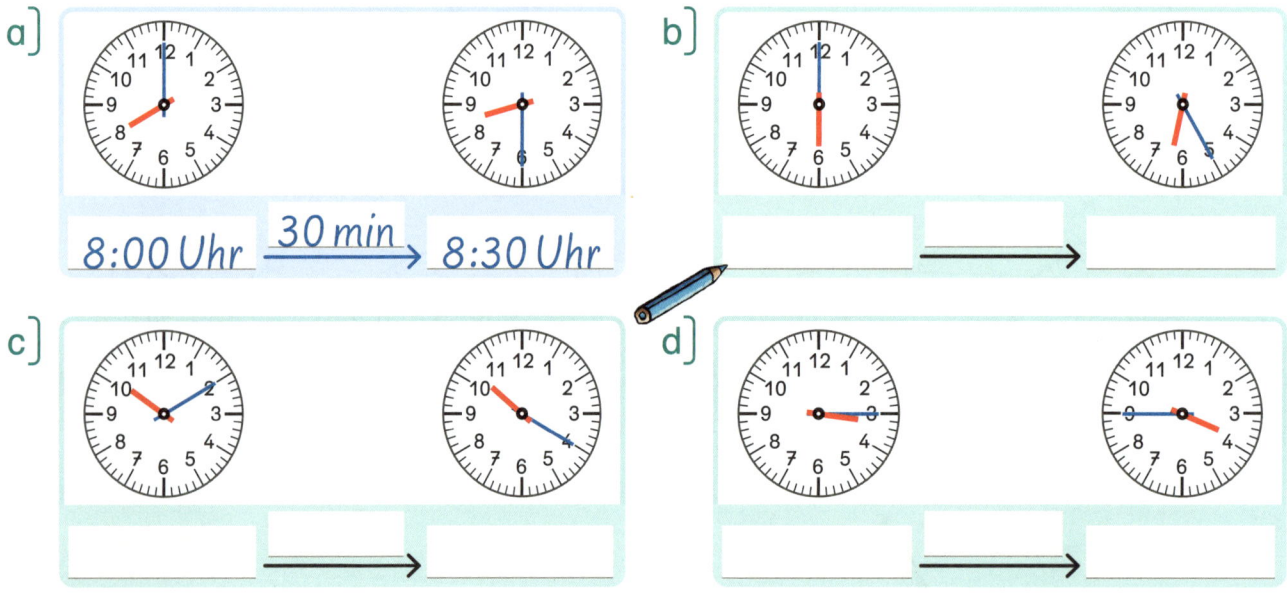

a) 8:00 Uhr $\xrightarrow{30\,min}$ 8:30 Uhr

b)

c)

d)

★ Zeitspannen in Stunden und Minuten ablesen, bestimmen und notieren

1 Trage die richtige Zeigerstellung ein.
Lies die Uhrzeit für die erste Tageshälfte ab.

a]

9:00 Uhr ──4 h später──→ 13:00 Uhr

b]

_____ ──2 h später──→ _____

c]

_____ ←──3 h früher── _____

d]

_____ ←──4 h früher── _____

e]

_____ ──5 min später──→ _____

f]

_____ ──30 min später──→ _____

g]

_____ ←──15 min früher── _____

h]

_____ ←──20 min früher── _____

2 Berechne die Uhrzeiten.

vor 2 Stunden: _____   in 4 Stunden: _____

vor 30 Minuten: _____   in 30 Minuten: _____

vor 1 Stunde   in 2 Stunden
und 30 Minuten: _____   und 30 Minuten: _____

In einer Stunde	Vor einer Stunde
8:00 Uhr →1h→ 9:00 Uhr	8:00 Uhr ←1h← 9:00 Uhr
Beginn Ende	Beginn Ende

1 Bestimme die Uhrzeiten.

a) In einer Stunde beginnt mein Fußball-Training.

14:00 Uhr →1h→ 15:00 Uhr

b) In zwei Stunden muss ich zu Hause sein.

c) Vor 30 Minuten war die Schule zu Ende.

d) Vor drei Stunden sind wir losgefahren.

2 Schreibe auf, wie lange die Tätigkeiten dauern.

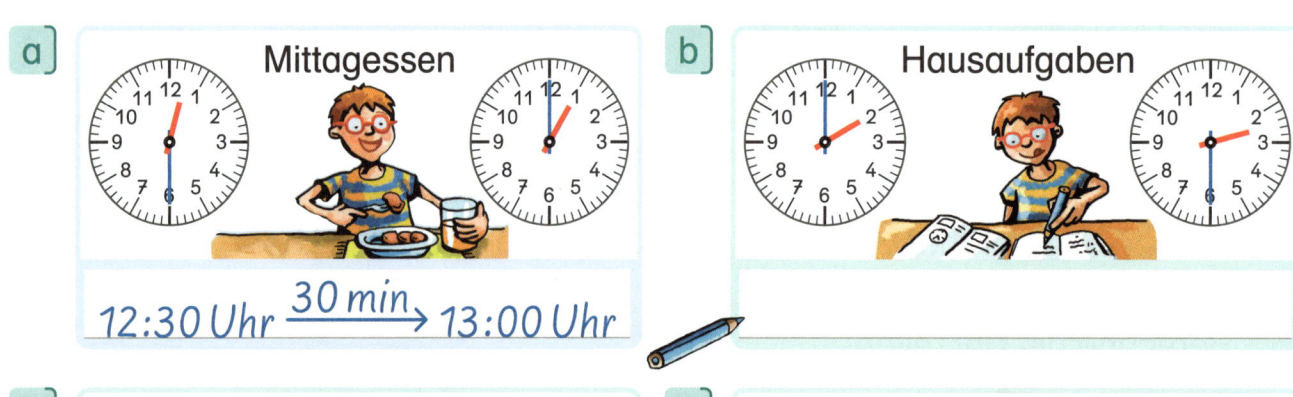

a) Mittagessen

12:30 Uhr →30 min→ 13:00 Uhr

b) Hausaufgaben

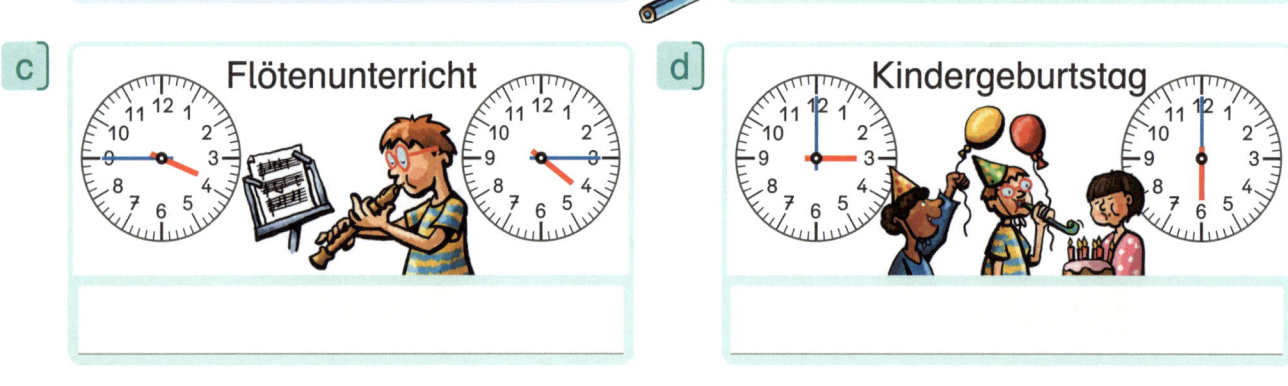

c) Flötenunterricht

d) Kindergeburtstag

★ zu bildlich dargestellten Alltagssituationen und vorgegebenen Zeitspannen Anfangs- bzw. Endzeitpunkte bestimmen ★ zu bildlich dargestellten Alltagssituationen und vorgegebenen Anfangs- und Endzeitpunkten Zeitspannen bestimmen

1 Berechne, wie lange die Kinder auf dem Spielplatz waren.

Mai-Lin

15:30 Uhr $\xrightarrow{\text{1 h}}$ 16:30 Uhr

Paul

Lena

Janek

2 Vergleiche die Zeitdauern aus Aufgabe **1** und ergänze die Sätze.

_____ war länger auf dem Spielplatz als _____.

_____ war kürzer auf dem Spielplatz als _____.

_____ war genauso lange auf dem Spielplatz wie _____.

3 Überprüfe, ob die Aussagen stimmen können.

Ich war gestern von 7 Uhr bis 17 Uhr auf dem Spielplatz.

◯ kann stimmen
◯ kann nicht stimmen

Ich war vorgestern von 16:00 Uhr bis 16:30 Uhr auf dem Spielplatz.

◯ kann stimmen
◯ kann nicht stimmen

Ich war am Sonntag von 0 Uhr bis 3 Uhr auf dem Spielplatz.

◯ kann stimmen
◯ kann nicht stimmen

4 Schreibe zu der Rechengeschichte die Rechnung und die Antwort auf.

G: Tim geht um 15:10 Uhr zum Spielplatz. Er bleibt 1 h und 20 min.

F: Wann geht er wieder nach Hause?

R: _____

A: _____

★ Zeitdauer berechnen und vergleichen
★ Aussagen auf Plausibilität prüfen
★ Rechnung und Antwort zur Rechengeschichte finden

D 33

☐1 Bestimme alleine oder mit einem anderen Kind jeweils drei Zahlen, mit denen du eine Plusaufgabe und eine Minusaufgabe bilden kannst. Schreibe die Aufgaben auf.

☐2 Lies Aufgabe und Umkehraufgabe ab und löse sie.

a) $48 \xrightarrow{+7} \atop \xleftarrow{-7}$ 55

4	8	+	7	=	5	5
5	5	−	7	=		

b) $36 \xrightarrow{+6} \atop \xleftarrow{-6}$ ☐

c) $69 \xrightarrow{+3} \atop \xleftarrow{-3}$ ☐

d) $81 \xrightarrow{-4} \atop \xleftarrow{+4}$ ☐

e) $58 \xrightarrow{-9} \atop \xleftarrow{+9}$ ☐

f) $75 \xrightarrow{-7} \atop \xleftarrow{+7}$ ☐

☐3 Löse die Aufgaben. Kontrolliere die Ergebnisse mit der Umkehraufgabe.

a) $64 - 9 = \boxed{55}$, denn $55 + 9 = 64$ b) $27 + 5 = \boxed{32}$, denn $32 - 5 = 27$

$42 - 4 = \boxed{}$, denn _____ $84 + 8 = \boxed{}$, denn _____

$83 - 6 = \boxed{}$, denn _____ $43 + 9 = \boxed{}$, denn _____

☐4 Kontrolliere die Aufgaben. Rechne dazu die Umkehraufgaben.
Tipp: Vier Aufgaben sind falsch.

a) $92 - 6 = \cancel{98}$ 86 $86 + 6 = 92$ _____   b) $45 + 6 = 51$ _____

$58 - 9 = 49$ ✓ _____ $59 + 8 = 68$ _____

$64 - 7 = 56$ _____ $37 + 4 = 42$ _____

★ Umkehraufgaben bilden, ablesen und notieren ★ Umkehraufgaben bilden und als Lösungskontrolle verwenden ★ Aufgaben mithilfe der Umkehraufgaben kontrollieren und Fehler finden ★ SF: den Begriff „Umkehraufgabe" verwenden

7 Plus- und Minusaufgaben üben (1)

1 Löse die Aufgaben. Kontrolliere die Ergebnisse.
Die Lösungszahlen findest du in den Sternen.

a) 39 + 4 = 43
75 + 7 = ☐
52 + 9 = ☐
34 + 8 = ☐

b) 94 − 7 = ☐
62 − 3 = ☐
76 − 8 = ☐
81 − 4 = ☐

c) 67 + 4 = ☐
22 − 5 = ☐
43 + 8 = ☐
46 − 8 = ☐

17   38   42   43   51   59   61   68   71   77   82   87

d) 26 + 5 + 8 = ☐
75 + 8 + 9 = ☐
47 + 7 + 8 = ☐
58 + 9 + 6 = ☐

e) 72 − 5 − 7 = ☐
83 − 7 − 8 = ☐
91 − 8 − 5 = ☐
38 − 6 − 5 = ☐

f) 50 + 5 + 6 = ☐
42 − 4 − 8 = ☐
68 + 5 − 6 = ☐
34 − 7 + 9 = ☐

27   30   36   39   60   61   62   67   68   73   78   92

2 Löse die Aufgaben.

a) 47 + 6 = 53
65 + ☐ = 74
39 + ☐ = 43
86 + ☐ = 91

b) 52 − ☐ = 48
93 − ☐ = 85
71 − ☐ = 66
26 − ☐ = 17

c) 58 + ☐ = 64
84 − ☐ = 77
27 + ☐ = 36
43 − ☐ = 35

3 Rechne in Tabellen.

a)

+	8	6	9	5	7
48	56				
76					

b)

−	6	4	8	5	7
61					
93					

c)

+		8	6	4	
27	32				36
59		67			

d)

−		9		7	5
		23			
42			36		34

* Plus- und Minusaufgaben mit Zehnerüberschreitung lösen und Ergebnisse überprüfen
* Plus- und Minusaufgaben mit drei Zahlen lösen * Ergänzungsaufgaben lösen
* Plus- und Minusaufgaben sowie Ergänzungsaufgaben in Tabellen lösen

ÜH 26   AH 31

1 Rechne und kontrolliere mit der Umkehraufgabe.

a) 25 + 7 = 32

58 + 6 =

37 + 8 =

76 + 5 =

b) 32 – 6 =

51 – 8 =

94 – 9 =

63 – 5 =

c) 49 + 4 =

68 + 9 =

91 – 6 =

48 – 9 =

32 – 7 = 25   81 – 5 = 76   58 + 5 = 63   39 + 9 = 48

26 + 6 = 32   43 + 8 = 51   53 – 4 = 49   77 – 9 = 68

45 – 8 = 37   85 + 6 = 91   64 – 6 = 58   85 + 9 = 94

2 Löse die Aufgaben. Kontrolliere die Ergebnisse mit der Umkehraufgabe.

a) 62 – 8 = 54 , denn 54 + 8 = 62

34 – 5 = , denn _____

93 – 7 = , denn _____

b) 64 + 8 = 72 , denn 72 – 8 = 64

57 + 6 = , denn _____

78 + 9 = , denn _____

3 Löse die Aufgaben. Ordne sie passend zu.

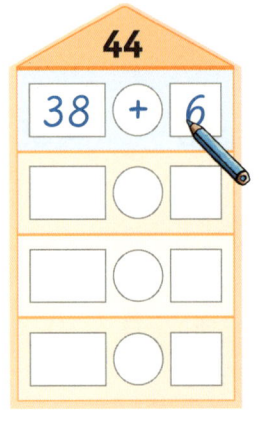

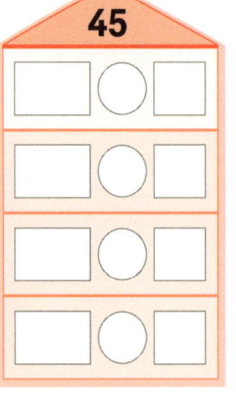

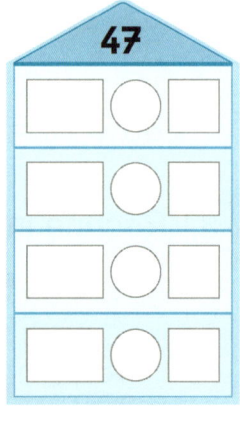

38 + 6   49 – 4   39 + 8   37 + 8   41 + 5

51 – 7   54 – 8   43 + 4   51 – 5   51 – 6   35 + 9

53 – 6   51 – 4   36 + 9   53 – 9   38 + 8

★ Plus- und Minusaufgaben mit Zehnerüberschreitung lösen und Ergebnisse mithilfe der Umkehraufgabe überprüfen
★ Plus- und Minusaufgaben lösen und passend einordnen

$$35 + 6 = 41 \quad 53 + 6 = 59 \quad\quad 63 + 5 = 68$$
$$36 + 5 = 41 \quad 56 + 3 = 59 \quad\quad 65 + 3 = 68$$

$$35 - 6 = 29 \quad 53 - 6 =$$
$$36 - 5 = 31$$

Rechne auch die Minusaufgaben.

---

1 Würfle mit drei Würfeln. Bilde mehrere Aufgaben nach dem vorgegebenen Muster und löse sie. Jedes Kästchen steht für eine gewürfelte Ziffer.

Seite 55 Aufgabe 1
a) ...

a) ▌▌ + ▌ = ▀   b) ▌▌ + ▌ = ▀   c) ▌▌ + ▌ = ▀

2 Finde Ziffern von Würfelergebnissen und stelle jeweils verschiedene Aufgaben zusammen.

Seite 55 Aufgabe 2
a) ...

a) ▌▌ + ▌ = 41   b) ▌▌ + ▌ = 52   c) ▌▌ + ▌ = 37

d) ▌▌ − ▌ = 48   e) ▌▌ − ▌ = 21   f) ▌▌ − ▌ = 50

3 Welche Ziffern müsstest du würfeln, um …

a) … das kleinstmögliche Ergebnis zu erhalten?

b) … das größtmögliche Ergebnis zu erhalten?

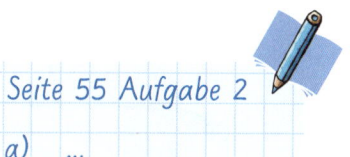

$$\square\square - \square = \square$$
$$\square\square + \square = \square$$

4 Wähle immer drei passende Würfel aus. Trage passende Ziffern ein. Finde immer 2 Aufgaben.

a) $\square\square + \square = 58$ b) $\square\square + \square = 51$ c) $\square\square + \square = 30$ d) $\square\square + \square = 69$

$\square\square + \square = 58$ $\square\square + \square = 51$ $\square\square + \square = 30$ $\square\square + \square = 69$

e Besprich mit einem anderen Kind, warum das Ergebnis immer gleich ist.

★ mit Würfeln nach unterschiedlichen Vorgaben Aufgaben zusammenstellen und lösen
★ SF: Strukturen von Aufgabenpaaren erkennen und beschreiben

1 Ergänze die fehlenden Zahlen.

a)

33

| 25 | 8 | 1 |

b)

| 2 | 5 | 49 |

c)

| 53 | 3 | 5 |

d)

52
43
36

e)

83
74
7

f)

8 35
32

2 Setze die Zahlen passend ein. Es bleibt keine Zahl übrig.

a)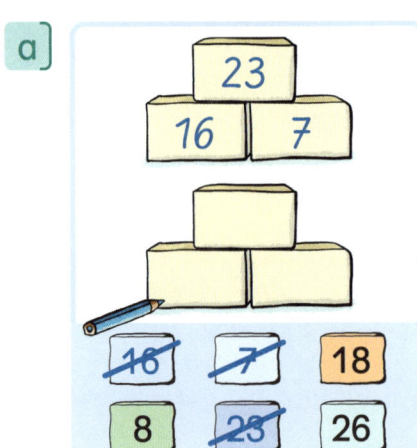

23
16   7

~~16~~ ~~7~~ 18
8 ~~23~~ 26

b)

56 68 76
63 7 8

c)

83 57 75
62 5 8

3 Setze die Zahlenmauern richtig zusammen.

a)

5 3 20
28 17 8

b)

37 32 43
1 5 6

c)

6 9 39
45 54 3

4 Baue eine Zahlenmauer.
Einige Zahlen bleiben
übrig.

1 7 59 2 66 3 3 54 4 56

* fehlende Zahlen in Zahlenmauern ergänzen
* vorgegebene Zahlen passend in Zahlenmauern einsetzen

1 Verändere zuerst die Basissteine. Ergänze dann die Zahlenmauern.

a Erhöhe bei beiden Zahlenmauern den linken Basisstein jeweils um 2.
Was fällt dir auf?

b Erhöhe den mittleren Basisstein jeweils um 2. Was fällt dir auf?

2 Besprich deine Entdeckungen aus Aufgabe 1 mit einem anderen Kind.

3 Baue Zahlenmauern aus den Basissteinen 1 2 3 4, sodass …

a … die Zahl im Zielstein möglichst groß ist.

b … die Zahl im Zielstein möglichst klein ist.

4 Baue die Zahlenmauer von Tim.
Finde eine Lösung für Leas Zahlenmauer.

Im Zielstein 80 – drei gleiche Basissteine

In den Basissteinen nur Zehnerzahlen – im Zielstein 90

★ **SF:** Zahlenmauern nach Vorgaben verändern und Auswirkungen auf den Zielstein untersuchen und beschreiben ★ Zahlenmauern nach Vorgaben erstellen

57

Ein **Jahr** hat **12 Monate**.
Die Monate haben 31, 30
oder 28 Tage. Mit deinen Fäusten
kannst du dir merken, wie viele Tage
die Monate haben:
Berg – 31 Tage
Tal   – 30 Tage (Ausnahme: Februar).

Januar (1. Monat)				Februar (2. Monat)				März (3. Monat)			
Mo	03 10 17 24 31			Mo	07 14 21 28			Mo	07 14 21		
Di	04 11 18 25			Di	01 08 15 22			Di	01 08 15 22		
Mi	05 12 19 26			Mi	02 09 16 23			Mi	02 09 16 23		
Do	06 13 20 27			Do	03 10 17 24			Do	03 10 17 24		
Fr	07 14 21 28			Fr	04 11 18 25			Fr	04 11 18 25		
Sa	01 08 15 22 29			Sa	05 12 19 26			Sa	05 12 19 26		
So	02 09 16 23 30			So	06 13 20 27			So	06 13 20 27		

Juli (7. Monat)				August (8. Monat)				September (9. Monat)			
Mo	04 11 18 25			Mo	01 08 15 22 29			Mo	05 12 19		
Di	05 12 19 26			Di	02 09 16 23 30			Di	06 13 20		
Mi	06 13 20 27			Mi	03 10 17 24 31			Mi	07 14 21		
Do	07 14 21 28			Do	04 11 18 25			Do	01 08 15 22		
Fr	01 08 15 22 29			Fr	05 12 19 26			Fr	02 09 16 23		
Sa	02 09 16 23 30			Sa	06 13 20 27			Sa	03 10 17 24		
So	03 10 17 24 31			So	07 14 21 28			So	04 11 18 25		

Der Februar hat nur 28 und in jedem vierten Jahr 29 Tage. Dieses vierte Jahr nennt man Schaltjahr.

31 Januar | 28 Februar | 31 März | 30 April | 31 Mai | 30 Juni | 31 Juli | 31 August | 30 September | 31 Oktober | 30 November | 31 Dezember

1 Lies die richtige Reihenfolge der Monate am Kalender ab.

1. Monat: *Januar*　　　2. Monat: _____　　　3. Monat: _____

4. Monat: _____　　　5. Monat: _____　　　6. Monat: _____

7. Monat: _____　　　8. Monat: _____　　　9. Monat: _____

10. Monat: _____　　　11. Monat: _____　　　12. Monat: _____

2 Unterstreiche bei Aufgabe 1 alle Monate mit 31 Tagen rot, alle Monate mit 30 Tagen gelb.

3 Suche dir ein anderes Kind. Stellt euch gegenseitig Fragen zum Kalender.

Wie heißen die Nachbar-
monate vom Mai?

Wie viele Tage
hat der April?

Wie heißen die Monate
mit 30 Tagen?

…

*Wie heißen die
Nachbarmonate
vom Mai?*

*April
und
Juni*

★ Reihenfolge der Monate am Kalender ablesen ★ die Dauer der Monate anhand der Knöchelregel bestimmen ★ die Anzahl der Tage im Februar als Ausnahme kennenlernen
★ **SF:** Fragen rund um den Kalender beantworten; den Begriff „Schaltjahr" kennenlernen

pril Monat)		Mai (5. Monat)		Juni (6. Monat)	
	04 11 18 25	Mo	02 09 16 23 30	Mo	06 13 20 27
	05 12 19 26	Di	03 10 17 24 31	Di	07 14 21 28
	06 13 20 27	Mi	04 11 18 25	Mi	01 08 15 22 29
	07 14 21 28	Do	05 12 19 26	Do	02 09 16 23 30
01 08 15 22 29		Fr	06 13 20 27	Fr	03 10 17 24
02 09 16 23 30		Sa	07 14 21 28	Sa	04 11 18 25
03 10 17 24		So	01 08 15 22 29	So	05 12 19 26
ktober . Monat)		November (11. Monat)		Dezember (12. Monat)	
	03 10 17 24 31	Mo	07 14 21 28	Mo	05 12 19 26
	04 11 18 25	Di	01 08 15 22 29	Di	06 13 20 27
	05 12 19 26	Mi	02 09 16 23 30	Mi	07 14 21 28
	06 13 20 27	Do	03 10 17 24	Do	01 08 15 22 29
	07 14 21 28	Fr	04 11 18 25	Fr	02 09 16 23 30
01 08 15 22 29		Sa	05 12 19 26	Sa	03 10 17 24 31
02 09 16 23 30		So	06 13 20 27	So	04 11 18 25

Eine **Woche** hat **7 Tage**.

Die **Wochentage** haben Namen:
Montag, Dienstag,
Mittwoch, Donnerstag,
Freitag, Samstag, Sonntag.

1 Im Kalender findest du die Namen der Wochentage als Abkürzungen. Schreibe zu jeder Abkürzung den Wochentag.

Mo. _____ Di. _____ Mi. _____

Do. _____ Fr. _____ Sa. _____

So. _____

2 Schreibe das Datum mit Zahlen auf.

26. Januar: _26.1._ 17. Mai: _____ 15. September: _____

28. August: _____ 12. Juni: _____ 13. November: _____

15. März: _____ 25. April: _____ 18. Dezember: _____

18. Februar: _____ 20. Juli: _____ 10. Oktober: _____

3 Schreibe den Monatsnamen als Wort.

17.5. _17. Mai_____ 21.11. _____

6.7. _____ 23.10. _____

14.2. _____ 13. 4. _____

4 Vervollständige die Sätze.

a) Heute ist _Sonntag, der 15. Januar._____

b) Morgen ist _____

c) Gestern war _____

d) Übermorgen ist _____

e) Vorgestern war _____

15.
Januar
Sonntag

1 Löse die Rätsel zu den Wochentagen und Monaten.

Nach mir kommt der Donnerstag. _Mittwoch_	Ich bin der 10. Monat.	Vor mir kommt der Sonntag.
Nach mir kommt der Juli.	Ich bin der letzte Tag der Woche.	In manchen Jahren bin ich einen Tag länger.
Ich habe den kürzesten Monatsnamen.	Der Monat vor mir hat genauso viele Tage wie ich.	Ich bin der Tag zwischen Freitag und Sonntag.

2 Betrachtet verschiedene aktuelle Kalender.
Sucht den Wochentag und das Datum für folgende Tage:

Muttertag: _Sonntag,_ _____   Tag der Arbeit: _____

Heiliger Abend: _____   Rosenmontag: _____

Ostersonntag: _____   Nikolaustag: _____

3 Prüft mithilfe eines aktuellen Kalenders,
ob die Aussage richtig oder falsch ist. Kreuzt an.

	stimmt	stimmt nicht
Der März hat genauso viele Tage wie der Mai.	✗	○
Der Mai hat fünf Samstage.	○	○
Der erste Tag im Oktober ist ein Montag.	○	○
Der September hat vier Montage.	○	○
Der 8. August ist ein Mittwoch.	○	○
Der 25. Dezember ist ein Feiertag.	○	○

4 Nehmt einen aktuellen Kalender. Bestimmt, wie lange es bis zu euren
Geburtstagen oder zu den nächsten Ferien dauert.

✷ Rätsel zu Monatsnamen und Wochentagen lösen ✷ MK: besondere Tage im Kalender
finden und das Datum notieren ✷ MK: mithilfe eines Kalenders Aussagen überprüfen
✷ Zeitspanne bis zu einem persönlich bedeutsamen Tag ermitteln

1 Übertrage die Zeitangaben in Monate.

a) 1 Jahr: [12] Monate

1 Jahr 4 Monate: [ ] Monate

1 Jahr 6 Monate: [ ] Monate

b) 2 Jahre: [ ] Monate

2 Jahre 3 Monate: [ ] Monate

2 Jahre 9 Monate: [ ] Monate

2 Übertrage die Zeitangaben in Tage.

a) 1 Woche: [7] Tage

2 Wochen: [ ] Tage

3 Wochen: [ ] Tage

b) 1 Woche 2 Tage: [ ] Tage

1 Woche 5 Tage: [ ] Tage

2 Wochen 6 Tage: [ ] Tage

3 Übertrage die Zeitangaben in Wochen und Tage
oder in Jahre und Monate.

a) 13 Tage: [1] Woche(n) [6] Tage

16 Tage: [ ] Woche(n) [ ] Tage

9 Tage: [ ] Woche(n) [ ] Tage

b) 14 Monate: [ ] Jahr(e) [ ] Monate

27 Monate: [ ] Jahr(e) [ ] Monate

18 Monate: [ ] Jahr(e) [ ] Monate

4 Kreise die Zeitangabe ein, die am längsten dauert.

a) 2 Wochen   (15 Tage)
          1 Woche 6 Tage

b) 22 Tage   3 Wochen
          2 Wochen 5 Tage

c) 1 Jahr   1 Jahr 5 Monate
          18 Monate

d) 20 Monate   2 Jahre
          1 Jahr 11 Monate

5 Ergänze die Antworten.

a) Lenas keiner Bruder ist
1 Jahr und 5 Monate alt.
Tims Bruder ist 16 Monate alt.

F: Wer ist älter?

A: _____

_____ Bruder ist älter.

b) Lisa ist 3 Wochen und 3 Tage
im Urlaub. Die Hälfte der Zeit
ist ihre Freundin Maja dabei.

F: Wie viele Tage sind sie
zusammen im Urlaub?

A: Lisa ist [ ] Tage im Urlaub.

Maja ist [ ] Tage
dabei.

★ Zeitangaben in andere Einheiten umwandeln
★ Zeitangaben vergleichen
★ Sachaufgaben mit Zeitangaben lösen

61

1 Wie viel Zeit ist vergangen? Ordne die Zeitangaben den Bildern zu.

genau eine Woche   einige Stunden   einige Minuten

einige Tage   ein Tag   genau ein Jahr

mehrere Jahre   mehrere Monate   ~~einige Sekunden~~

einige Sekunden

D 39

★ verschiedenen Zeitspannen aus der Erfahrungswelt der Kinder geeignete Fachbegriffe /
Zeiteinheiten zuordnen (Sekunde, Minute, Stunde, Tag, Woche, Monat, Jahr)

Themenheft 2

⭐ Addition und Subtraktion von Einern
⭐ Sachaufgaben Teil 2 ⭐ Körper ⭐ Zeit

Erarbeitet von:	Roland Bauer und Jutta Maurach
Redaktion:	Sophie Arndt, Agnetha Heidtmann, Friederike Thomas
Illustration:	Yo Rühmer
Umschlaggestaltung:	Cornelia Gründer, agentur corngreen, Leipzig
Layout und technische Umsetzung:	lernsatz.de

Begleitmaterialien für Lernende der zweiten Klasse

Einstern 2 Paket Leihmaterial	978-3-06-084773-0	Übungssternchen	978-3-06-084732-7
Einstern 2 Paket Verbrauchsmaterial	978-3-06-084735-8	BigBook	978-3-06-084796-9
Einstern 2 *leicht gemacht*		BuchTaucher-App	978-3-06-084762-4
Paket Verbrauchsmaterial	978-3-06-084741-9	Interaktive Übungen	978-3-06-084767-9
Arbeitsheft	978-3-06-084758-7	GrundschulTrainer-App	978-3-06-084449-4

 Deine **interaktiven Gratis-Übungen** findest du hier:

1. Gehe auf scook.de.
2. Gib den unten stehenden Zugangscode in die Box ein.
3. Hab viel Spaß mit deinen Gratis-Übungen.

Dein Zugangscode auf
www.scook.de | fgocr-n465g

www.cornelsen.de

1. Auflage, 1. Druck 2021

Alle Drucke dieser Auflage sind inhaltlich unverändert
und können im Unterricht nebeneinander verwendet werden.

© 2021 Cornelsen Verlag GmbH, Berlin

Druck: Athesiadruck GmbH

ISBN 978-3-06-084710-5
ISBN 978-3-06-084747-1 (Themenhefte 1–4 und Diagnose-Sternchen als E-Book)

PEFC zertifiziert
Dieses Produkt stammt aus nachhaltig bewirtschafteten Wäldern und kontrollierten Quellen.
www.pefc.de
PEFC/18-31-166

Vorschläge für Plenumsphasen zum vertiefenden Erwerb prozessbezogener Kompetenzen

S. 5/8/21/35   Kinder beschreiben ihr Vorgehen beim Legen, Zeichnen und Rechnen der Aufgaben

S. 7/10/23/37   Kinder beschreiben Zusammenhänge bei Analogieaufgaben und ihre Anwendung als Lösungshilfe

S. 19   Kinder stellen ihre zu vorgegebenen Rechnungen, Fragen und Antworten formulierten Rechengeschichten vor, diese werden durch gemeinsam gefundene Lösungen überprüft

S. 27/41   Kinder stellen aufgabenbezogen unterschiedlich gewählte Rechenwege und ihre Notationsformen vor und begründen ihr Vorgehen; mithilfe der Sprachvorbilder benennen sie Kriterien guter Beschreibungen der Rechenwege (S. 27 →BigBook: Seite 14; S. 41 →BigBook: Seite 18)

S. 28   Kinder gestalten eine Ausstellung mit Alltagsgegenständen; sie ordnen diese den entsprechenden Körperformen zu und begründen ihre Zuordnung

S. 29   Kinder stellen ihre Rätsel zu geometrischen Körpern gegenseitig in der Klasse vor und lösen sie

S. 31   Kinder ordnen Alltagsgegenstände an und beschreiben die Anordnung von vorne, von hinten, von links und von rechts; sie bauen verschiedene Bauwerke aus geometrischen Körpern und beschreiben diese ebenfalls von vorne, von hinten, von links und von rechts (→BigBook: Seite 16)

S. 32   Kinder beschreiben den Zusammenhang zwischen Würfelbauten und ihren Bauplänen

S. 42   Kinder beschreiben verschiedene Möglichkeiten der Zeitmessung, ihre jeweiligen Anwendungsbereiche sowie die Vor- und Nachteile einzelner Messinstrumente

S. 45   Kinder beschreiben Unterschiede und Gemeinsamkeiten von analogen und digitalen Uhren

S. 50   Kinder finden Repräsentanten für unterschiedliche Zeitspannen (→BigBook: Seite 20)

S. 57   Kinder stellen ihre Entdeckungen hinsichtlich der Auswirkung von Veränderungen bei den Basissteinen auf den Zielstein vor

Vorschläge für die Förderung von Medienkompetenz

S. 19   Kinder erstellen eine (digitale) Sammlung/ein Buch mit den von den Kindern selbst verfassten Rechengeschichten. Dieses Projekt kann im Laufe des Schuljahres fortgeführt werden oder in anderen Themenbereichen wiederholt werden.

S. 29   Kinder legen eine (digitale) Sammlung mit Rätseln zu geometrischen Körpern an

S. 30   Kinder erkunden digitale Zeichenprogramme und prüfen, ob sie mit ihnen auch Körper zeichnen können

S. 32   Kinder recherchieren im Internet nach Möglichkeiten, Würfelbauten am PC zu erstellen und nutzen diese Tools

S. 42   Kinder gestalten eine Ausstellung mit unterschiedlichen realen sowie abgebildeten (Zeichnungen, Fotos, Ausschnitte aus Zeitschriften/Prospekten, ...) Zeitmessinstrumenten

S. 53   Kinder erstellen erste einfache Rechentabellen am PC und füllen sie aus

S. 58   Kinder recherchieren im Internet und erkunden, was ein Schaltjahr ist; Kinder recherchieren im Internet und ordnen die Monate den Jahreszeiten zu

S. 59   Kinder gestalten eine Ausstellung mit unterschiedlichen Kalendern und untersuchen diese hinsichtlich ihrer Verwendung und den enthaltenen Informationen

Synopse zu den Medienkompetenzbereichen

Suchen, Verarbeiten und Aufbewahren	S. 19, 29, 58, 60
Produzieren und Präsentieren	S. 19, 28, 42, 59
Problemlösen und Handeln	S. 4, 6, 9, 12, 13, 22, 28, 30, 32, 36, 42, 53